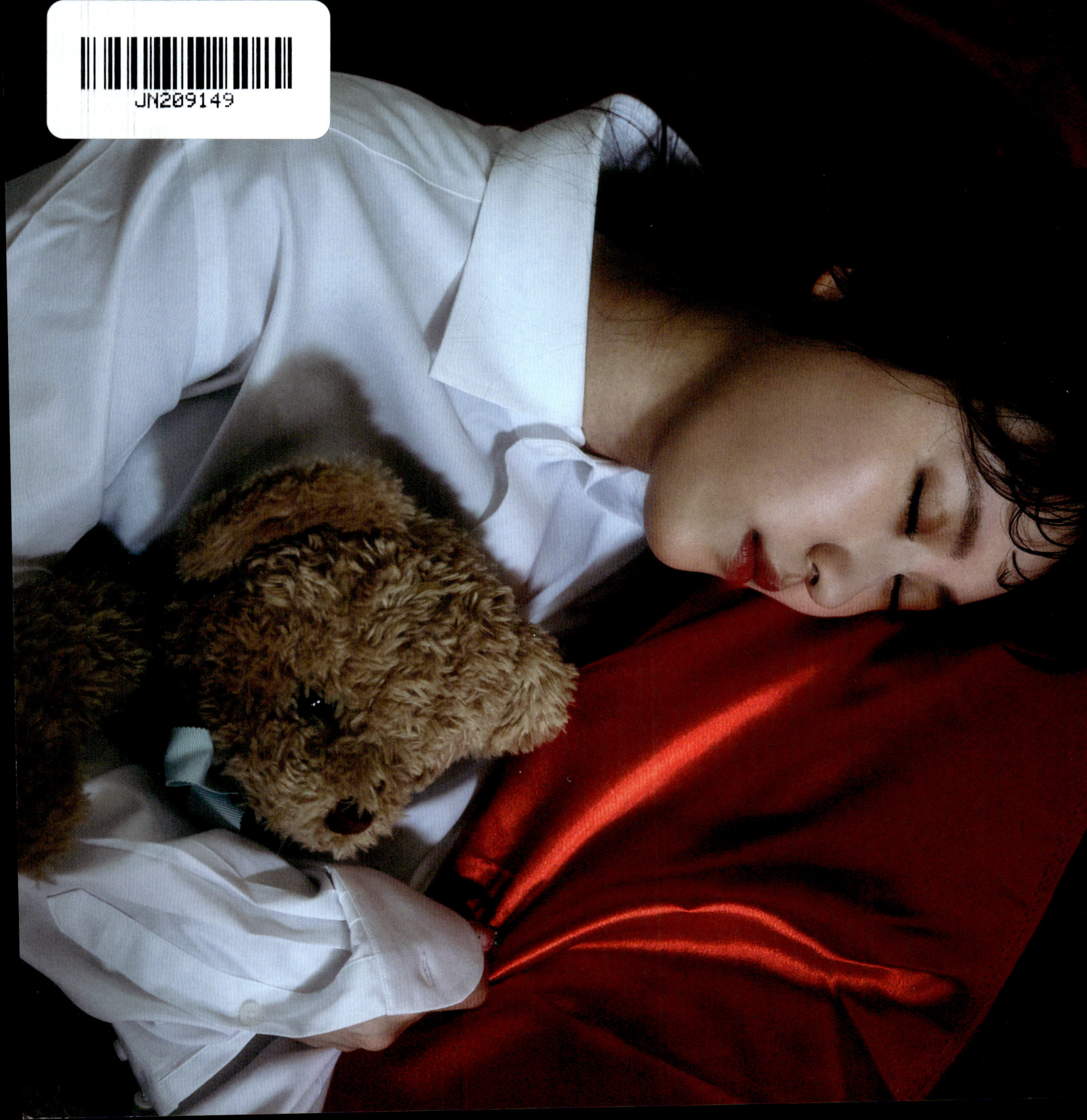

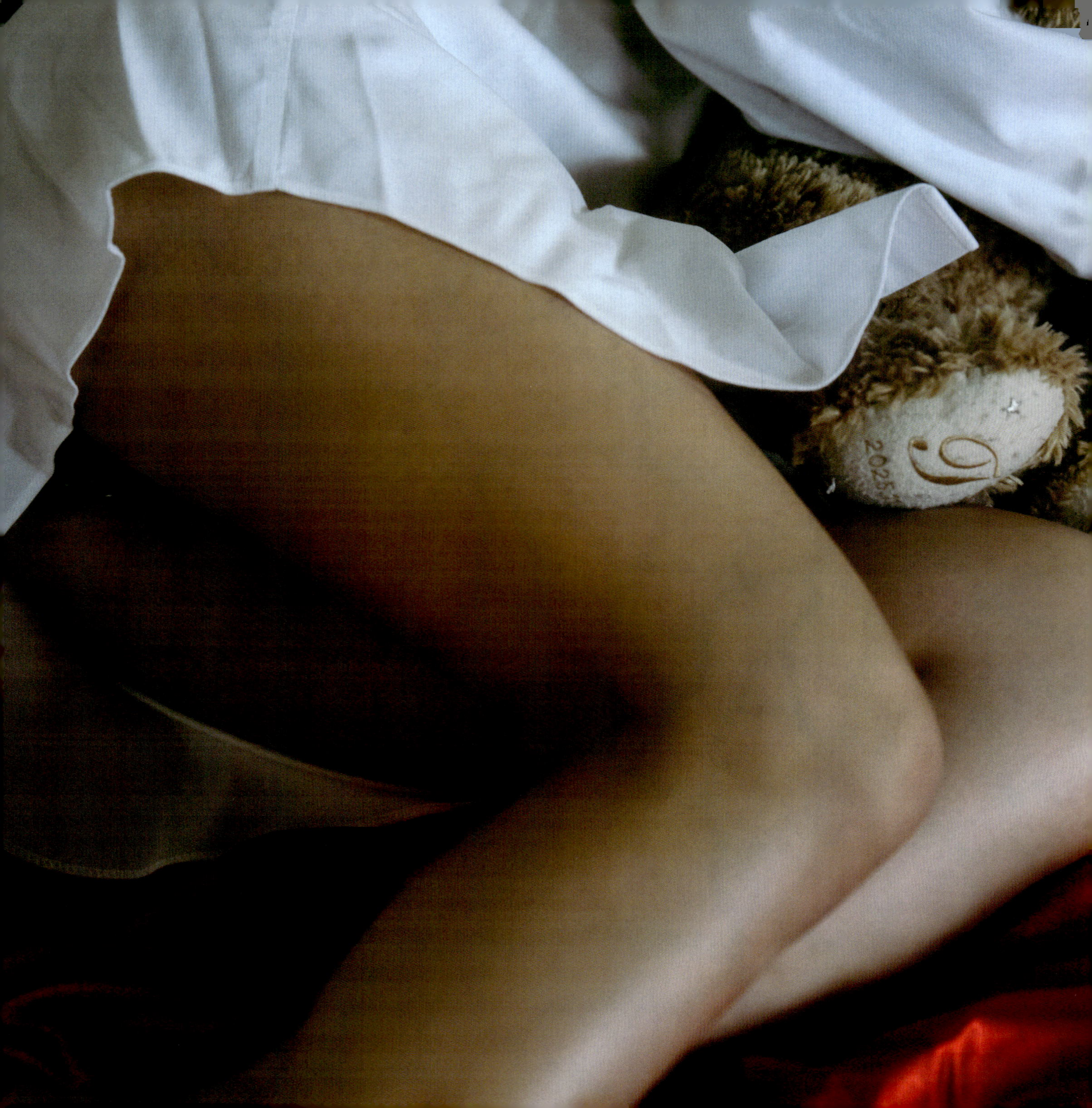
2025

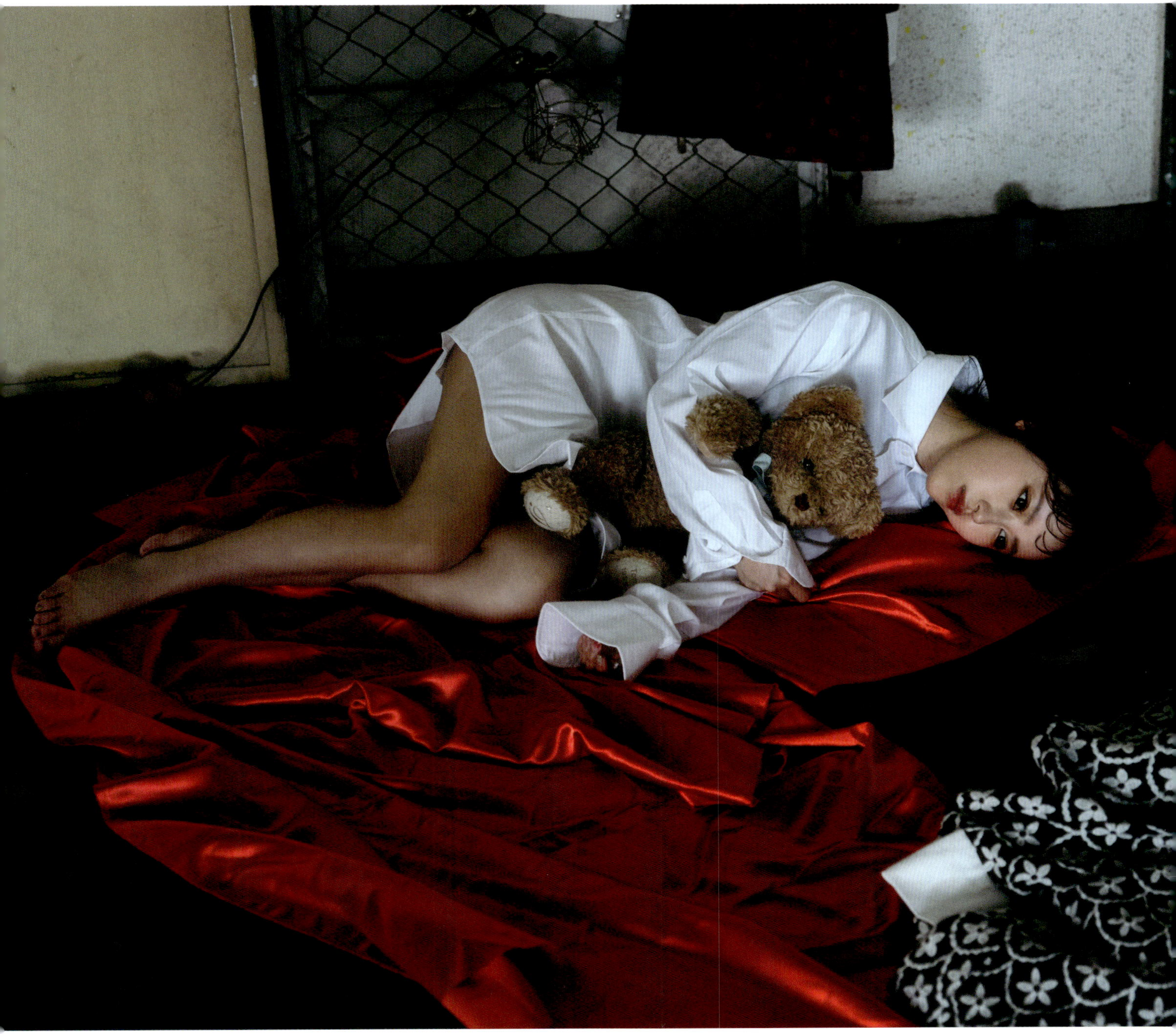

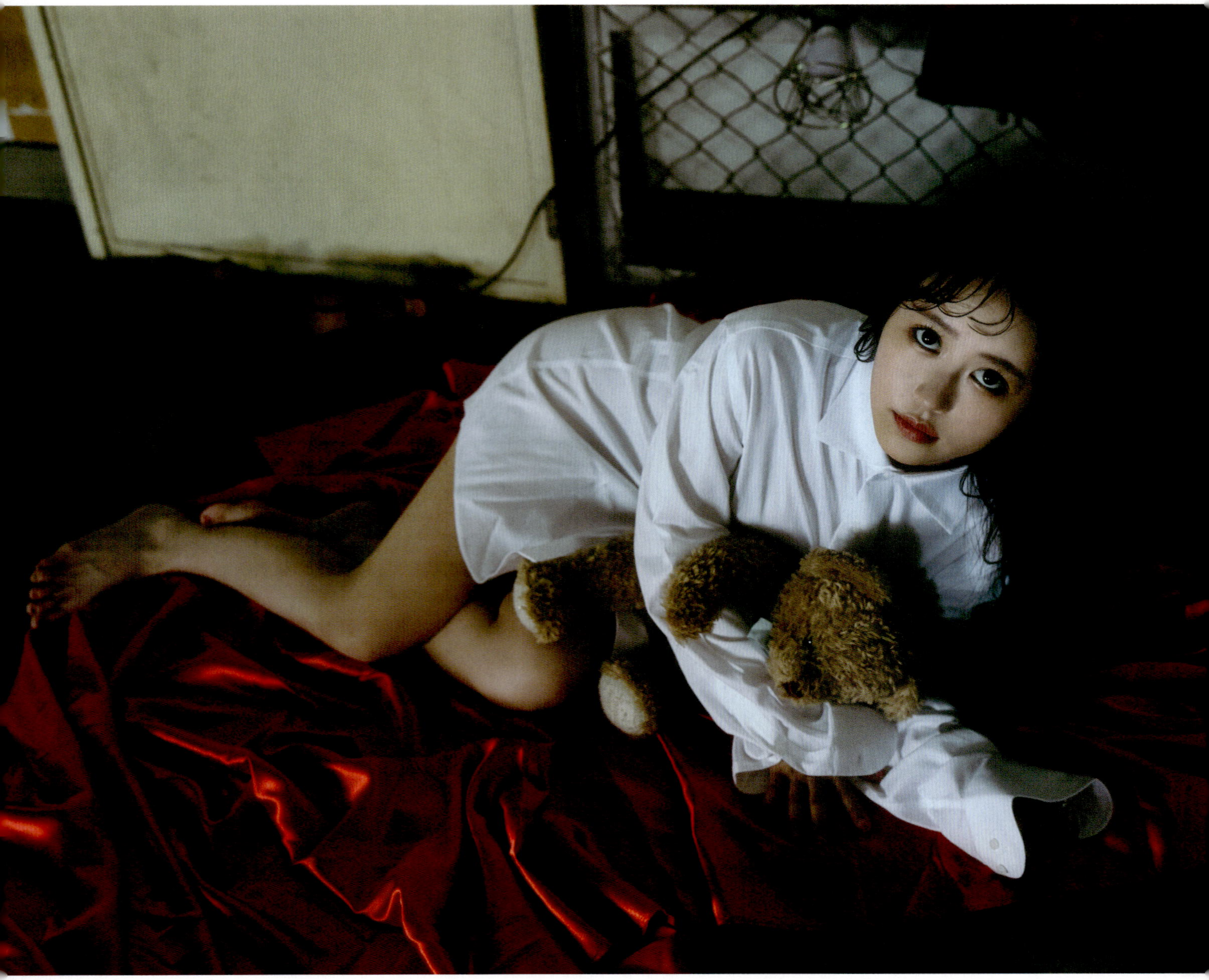

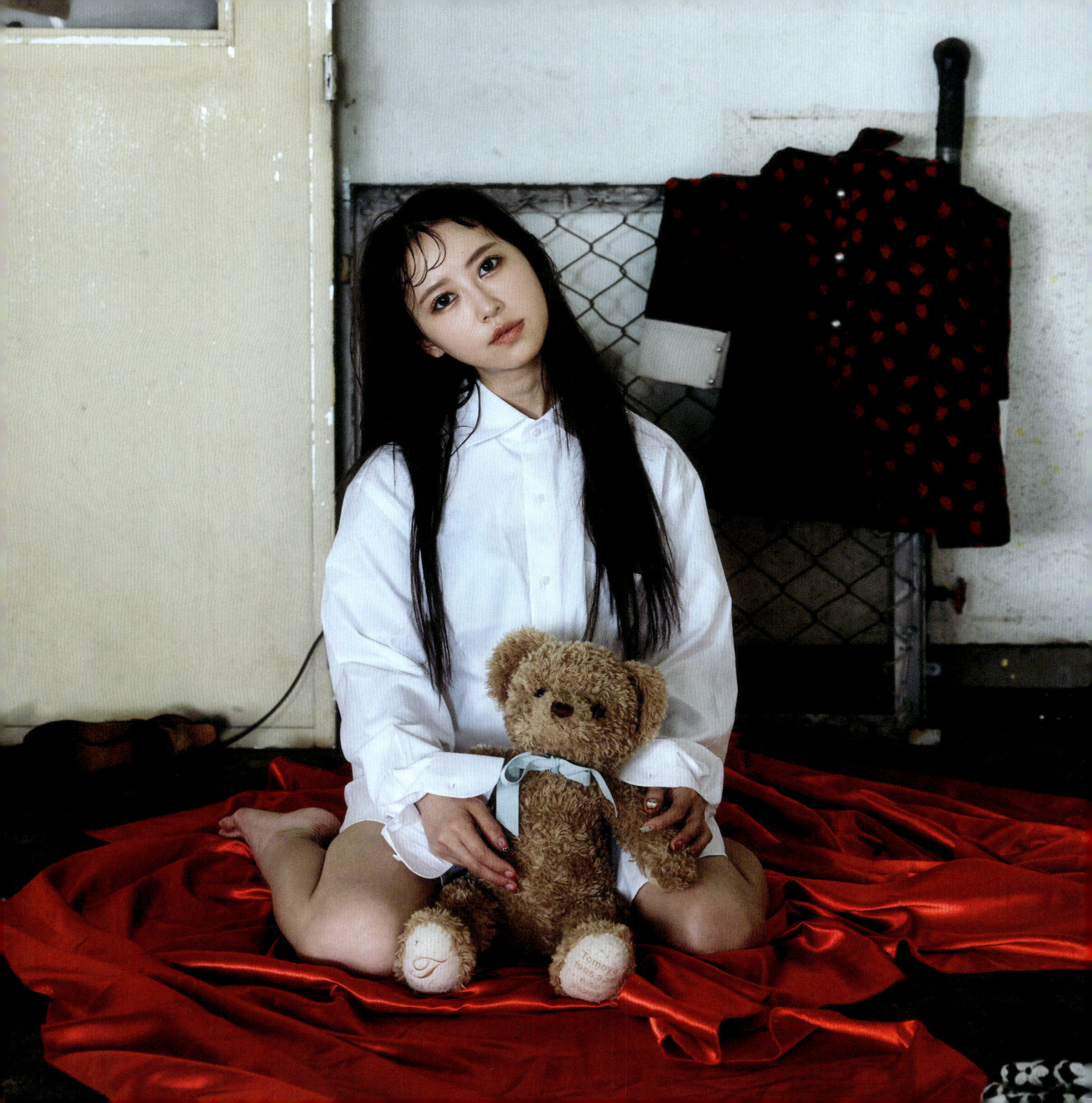

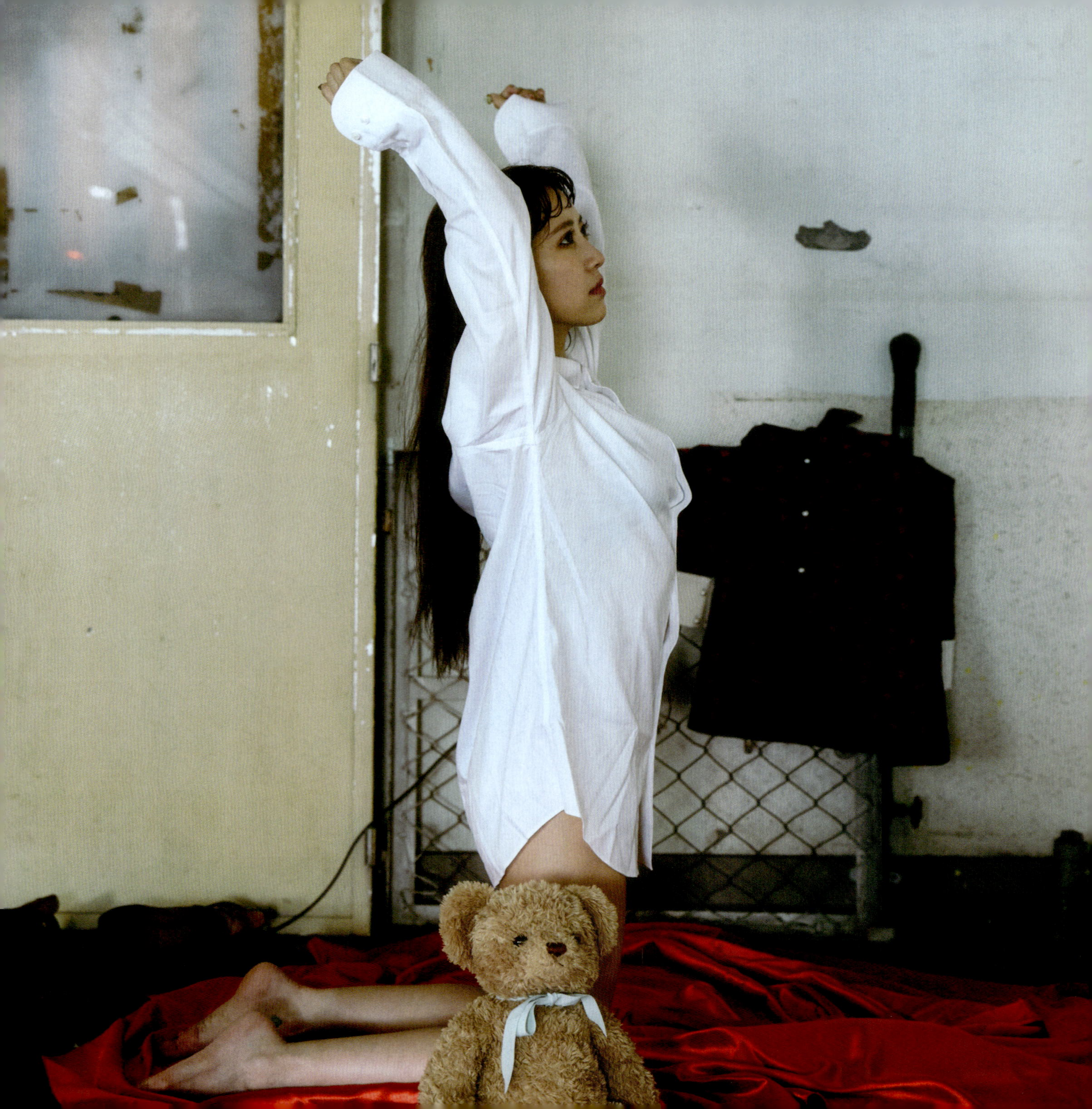

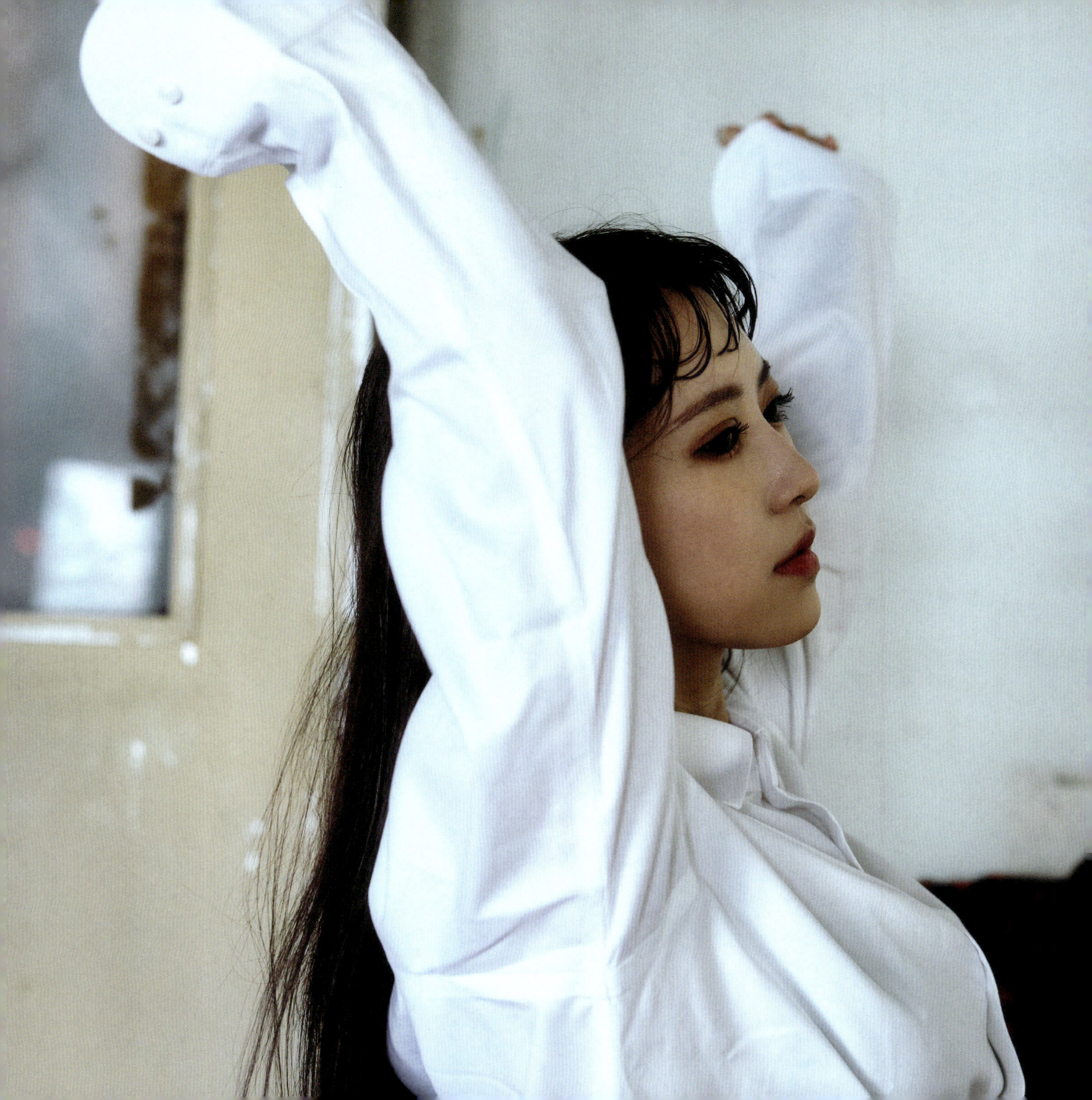

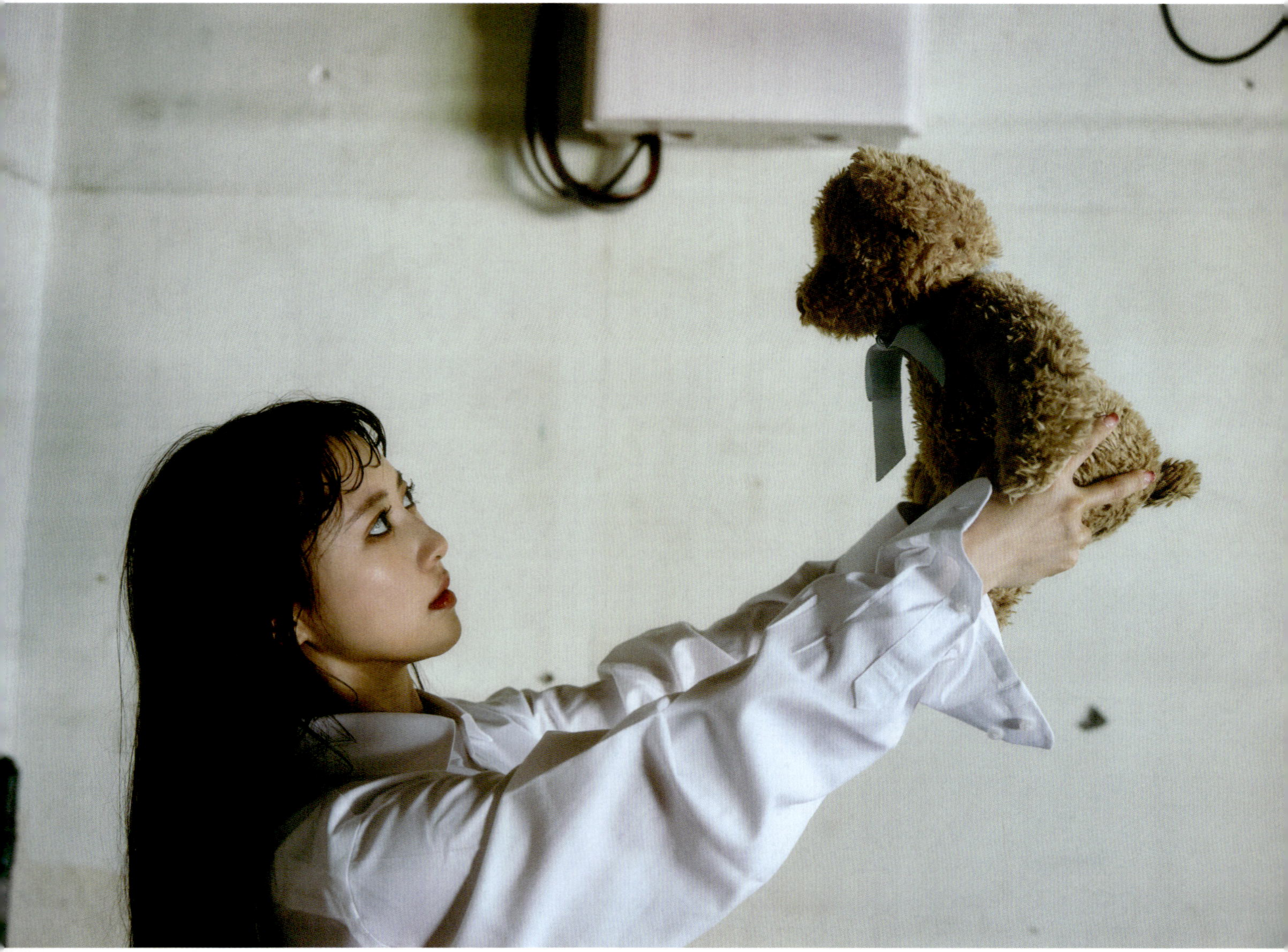

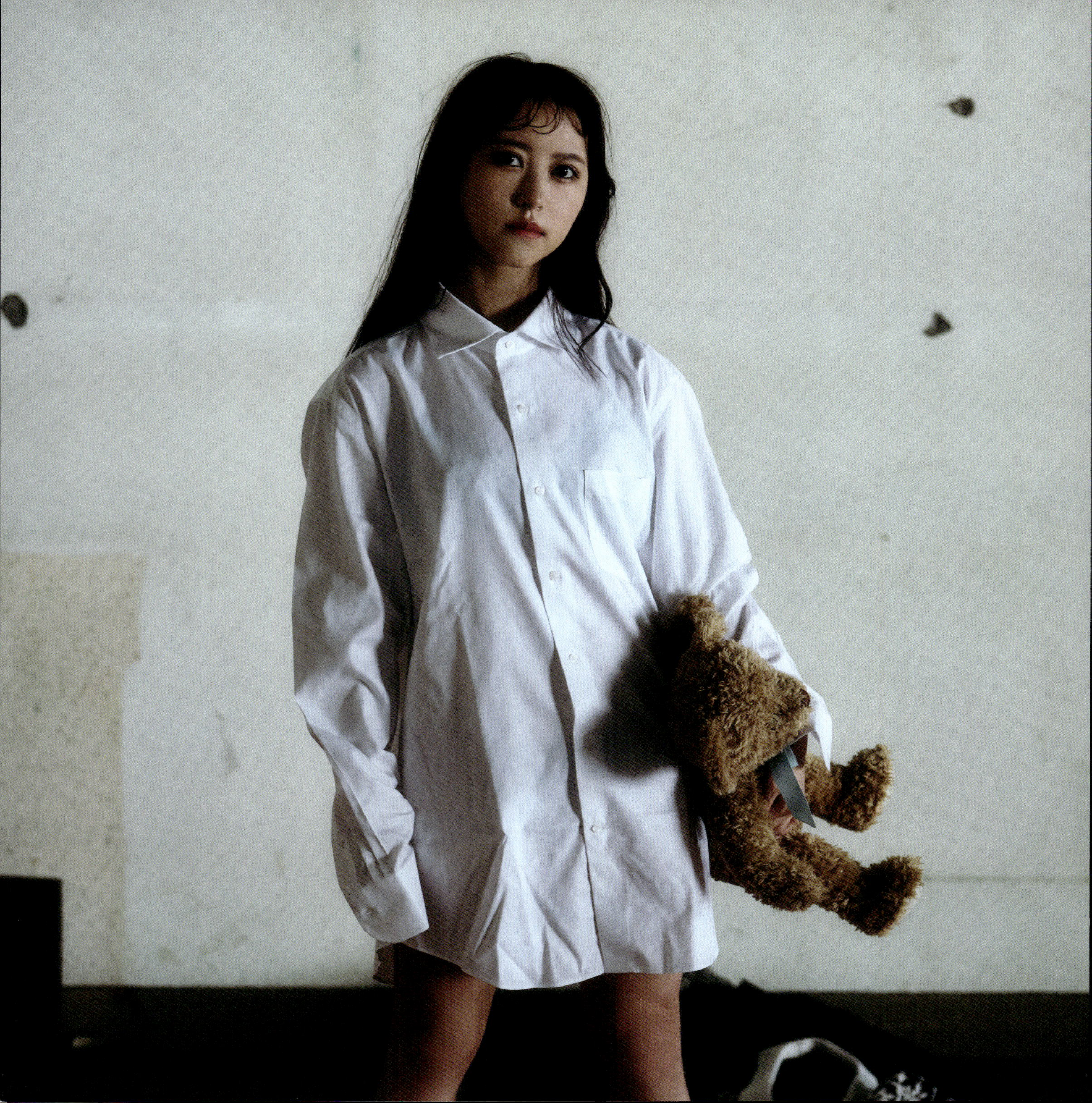

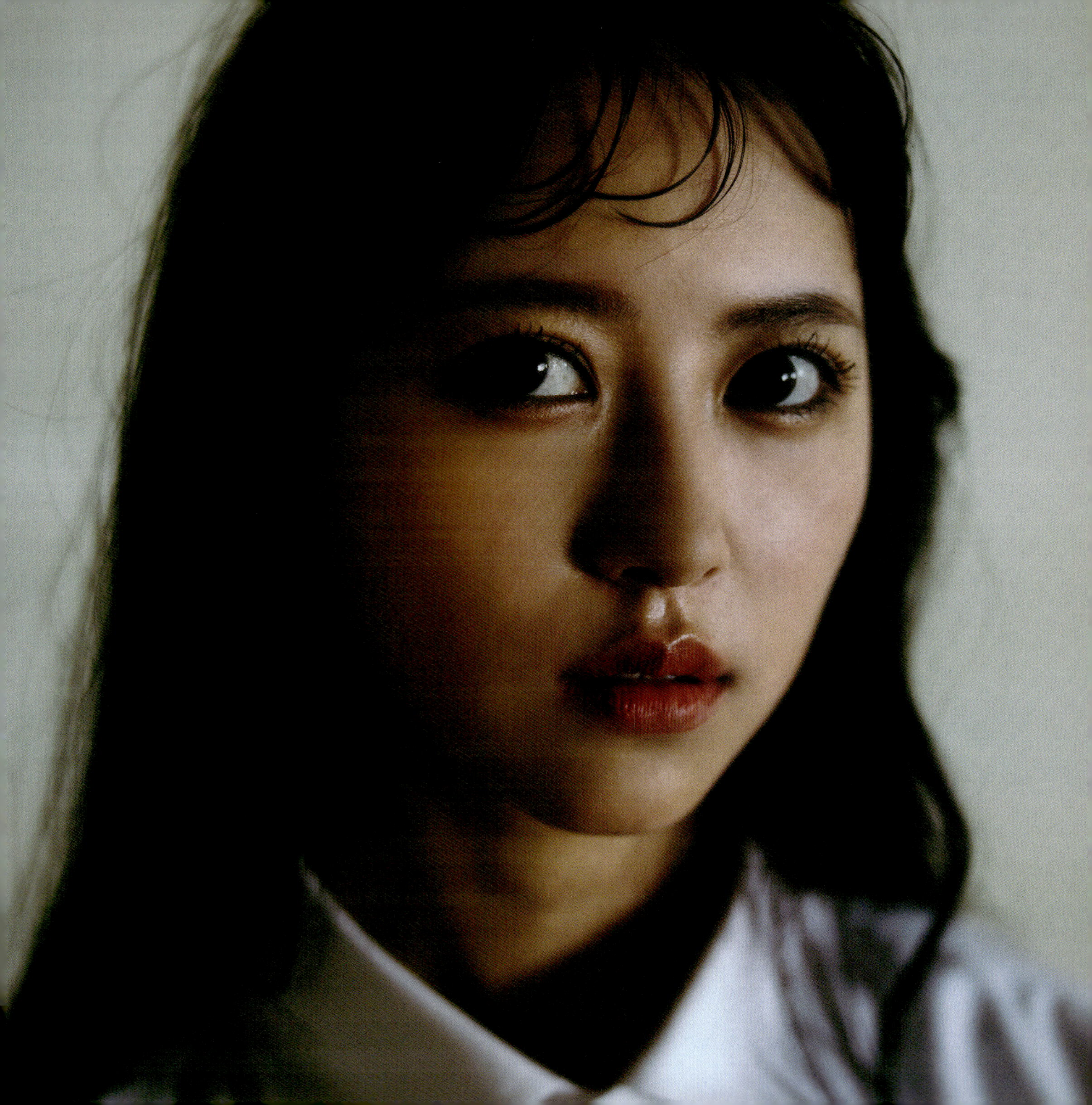

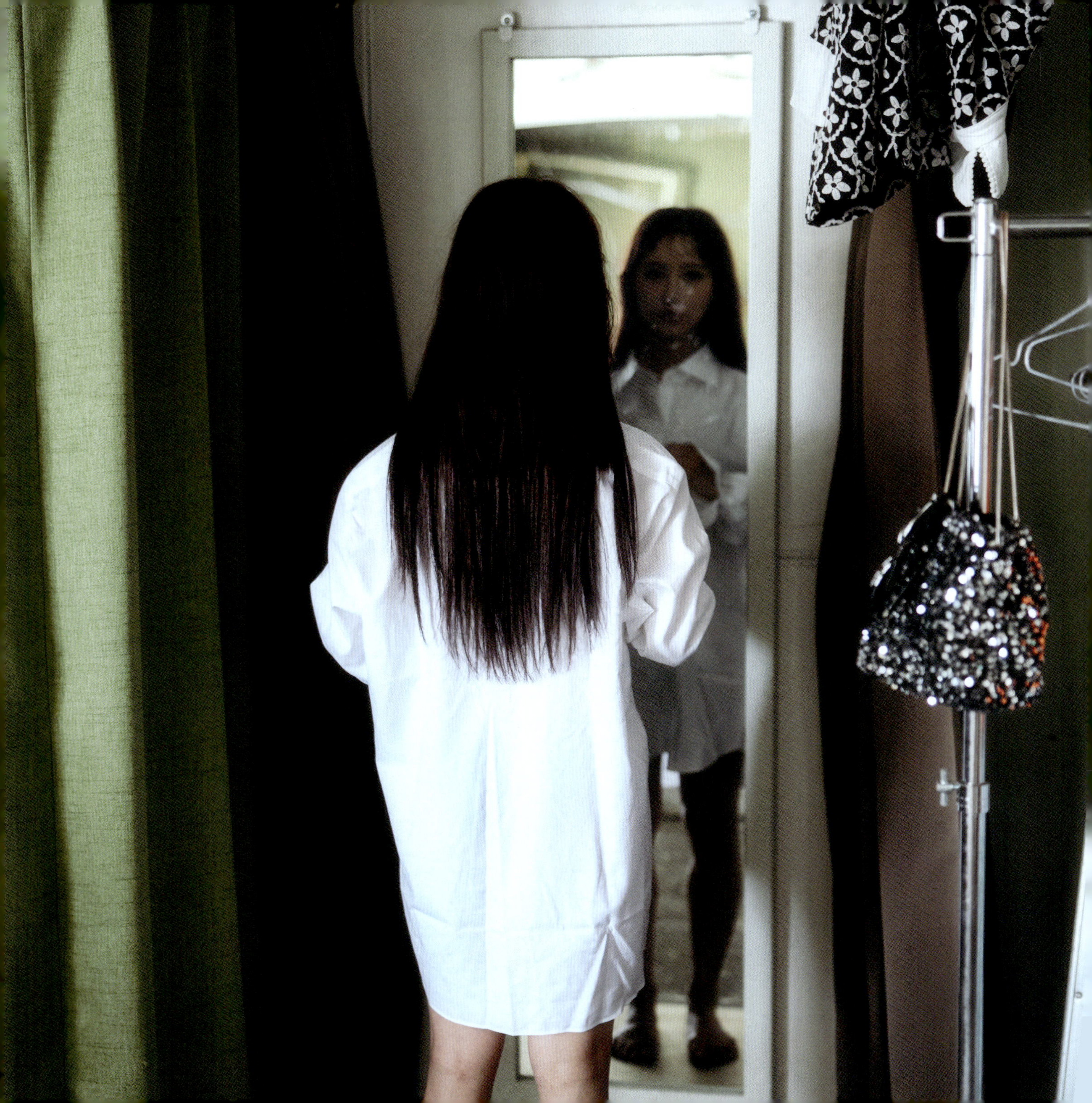

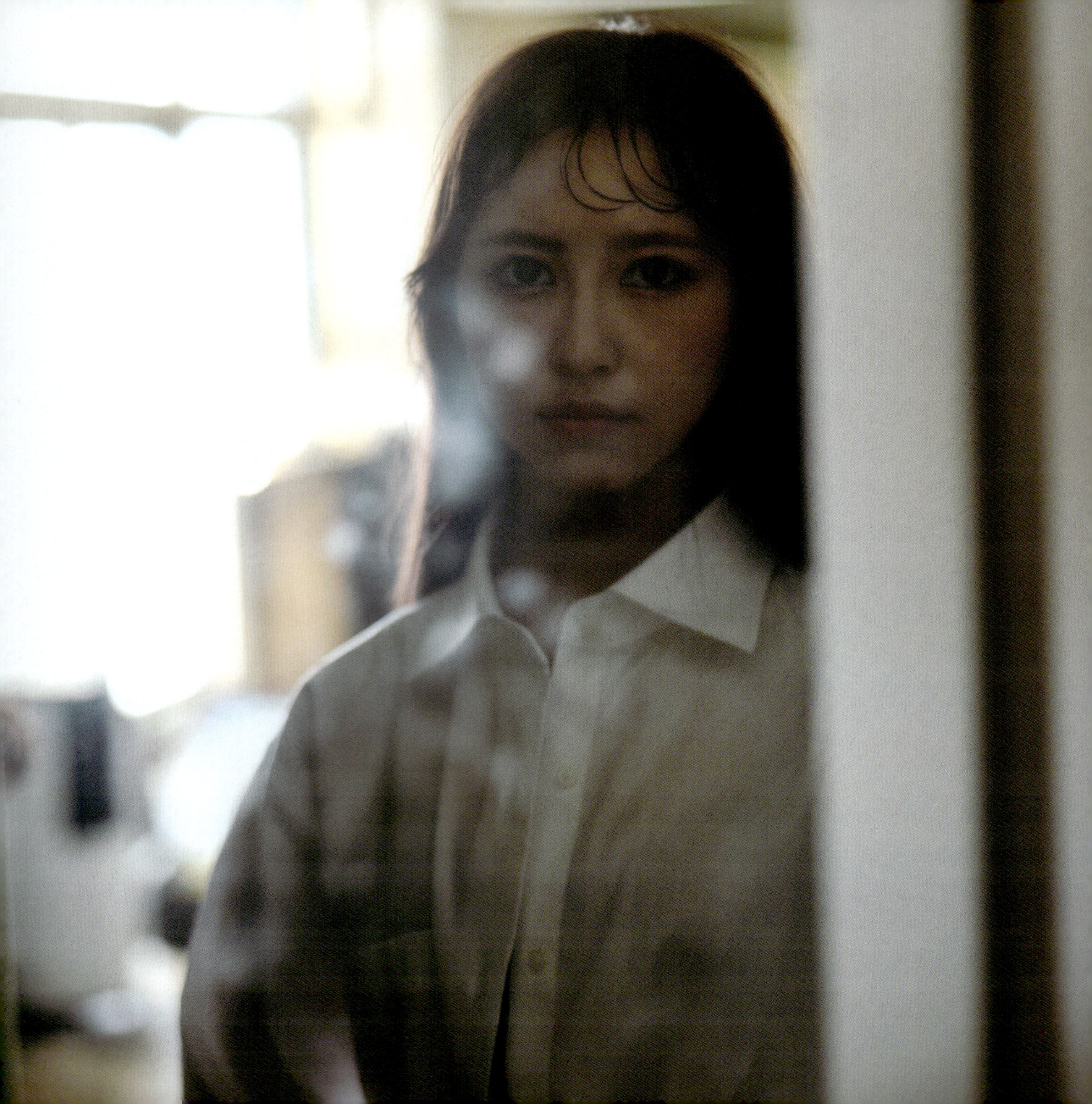

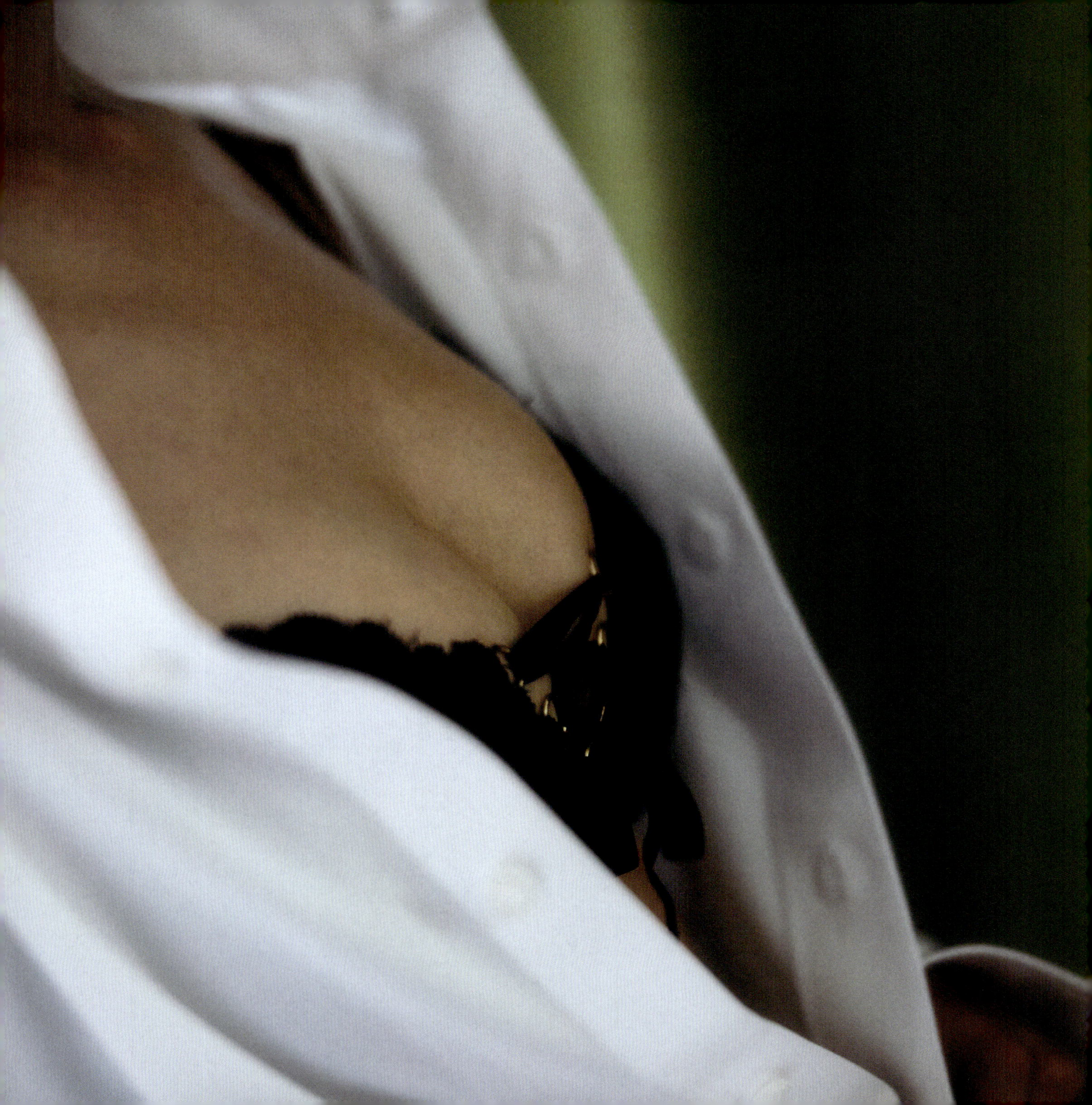

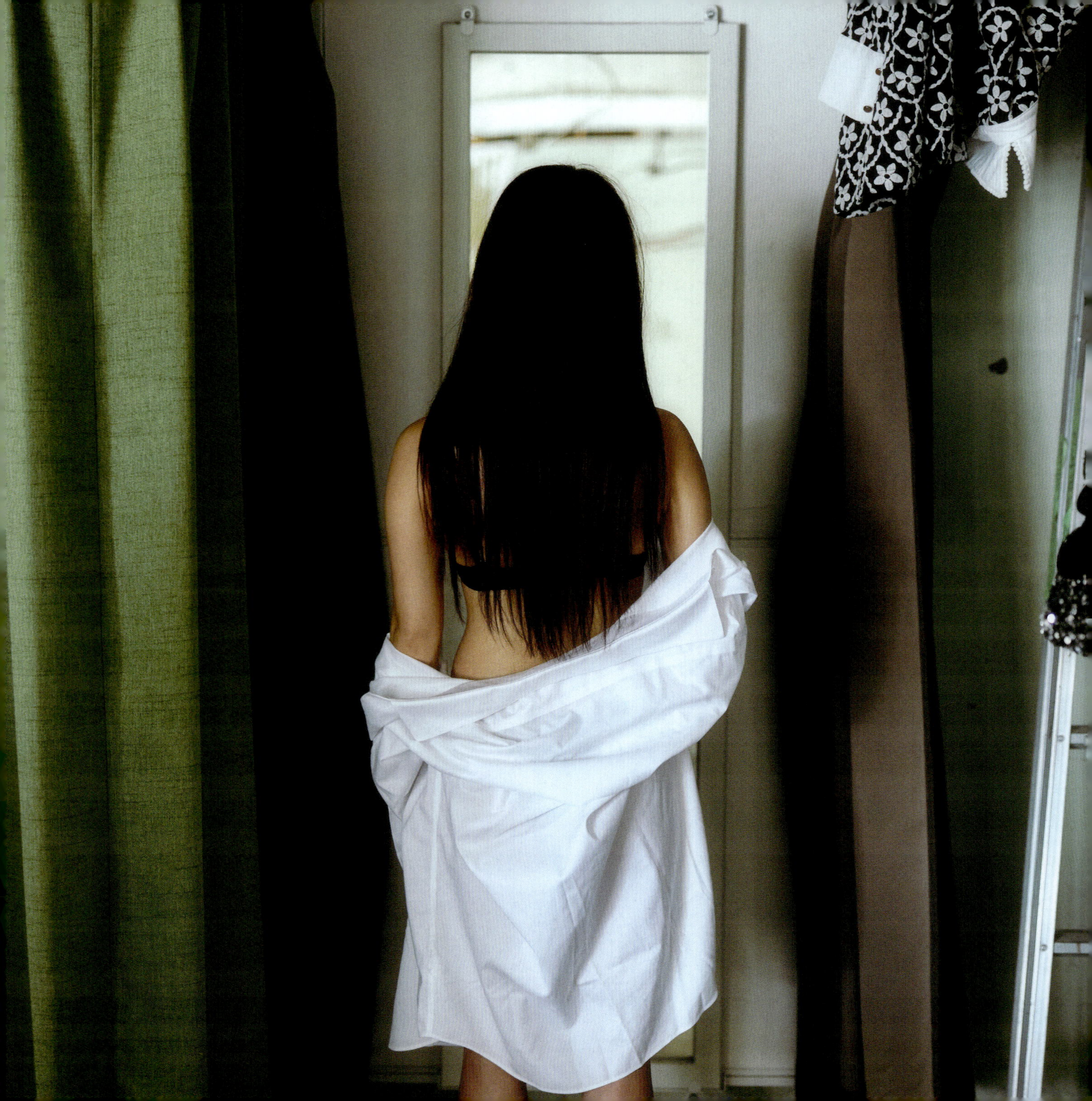

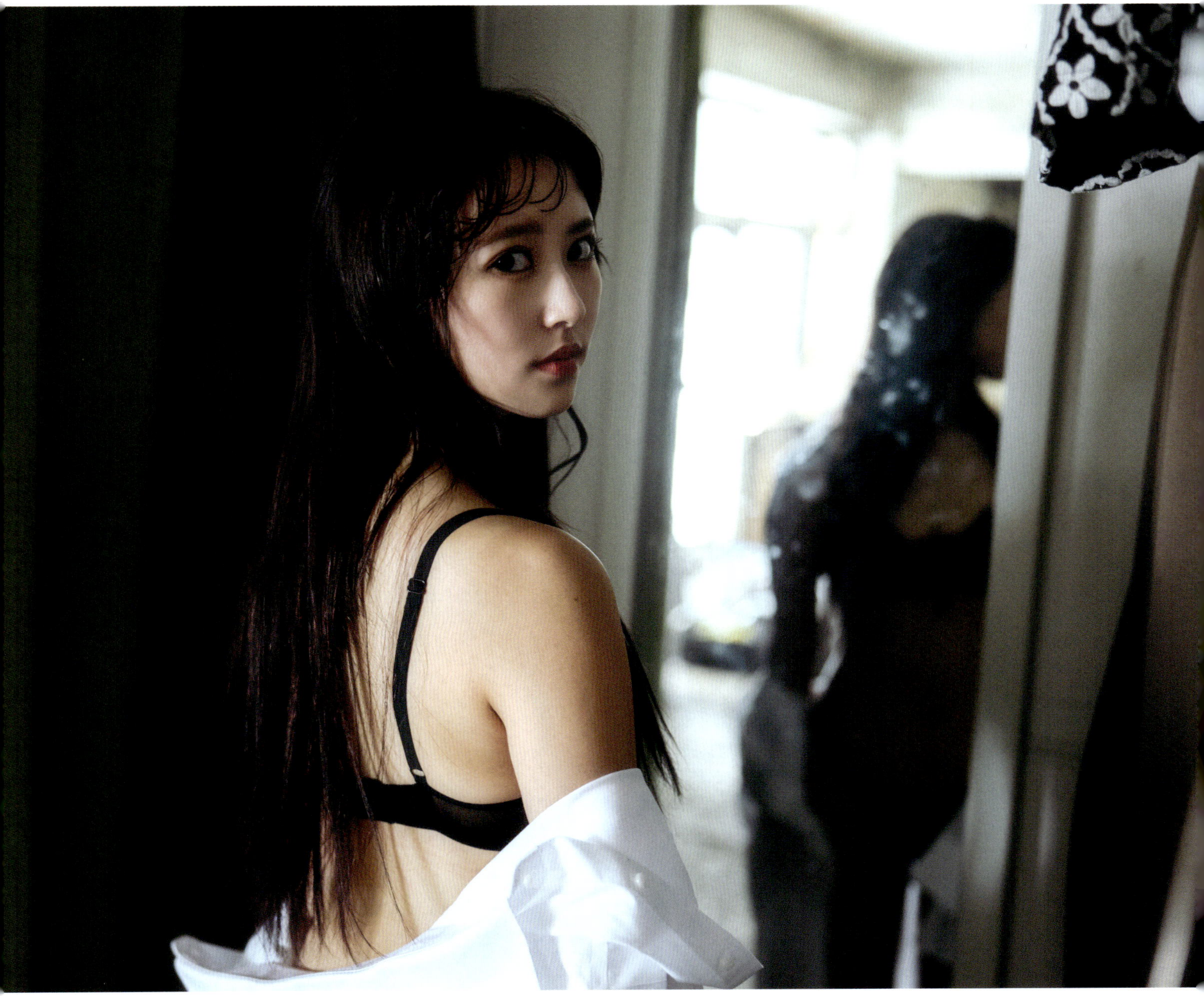

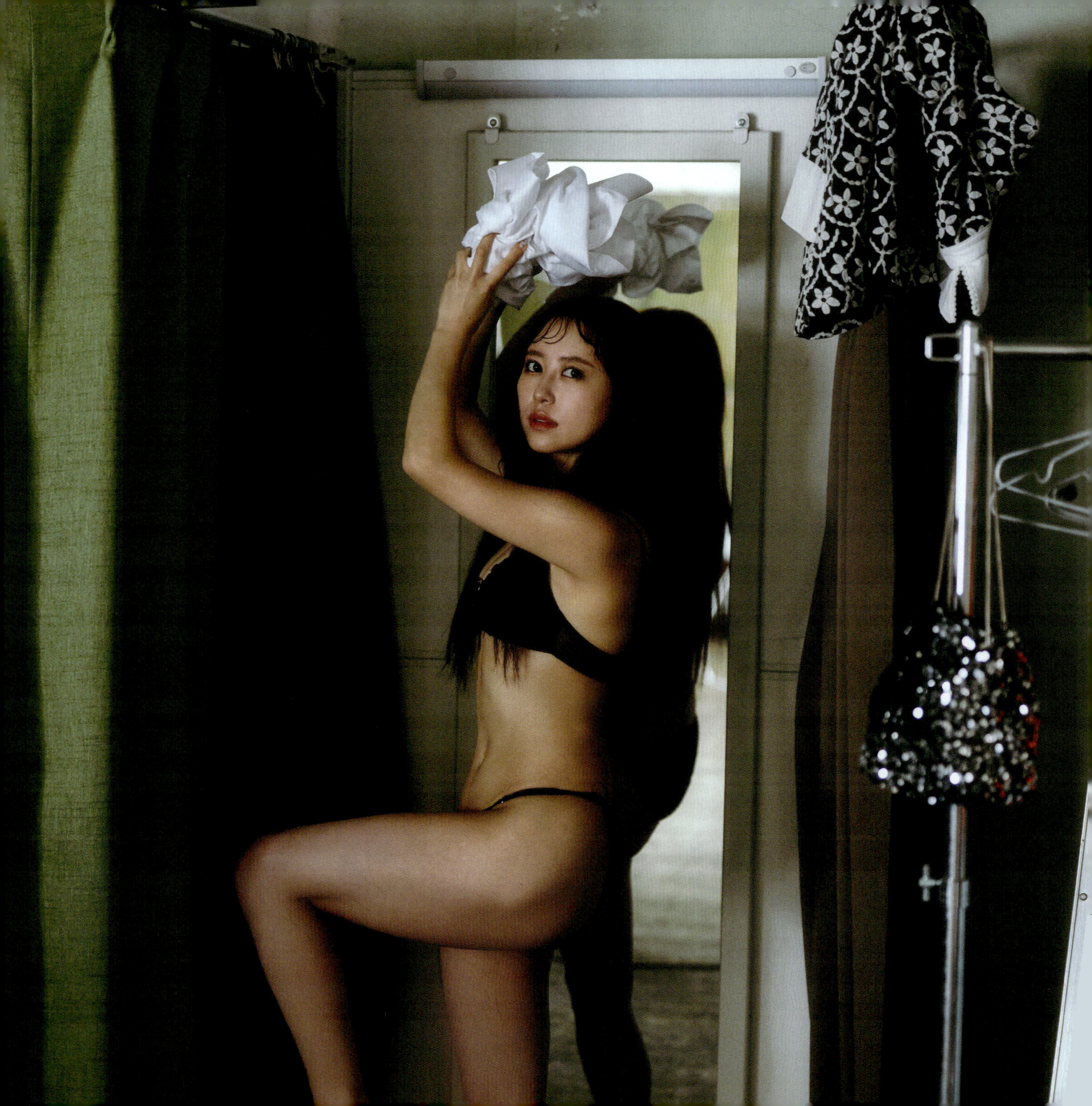

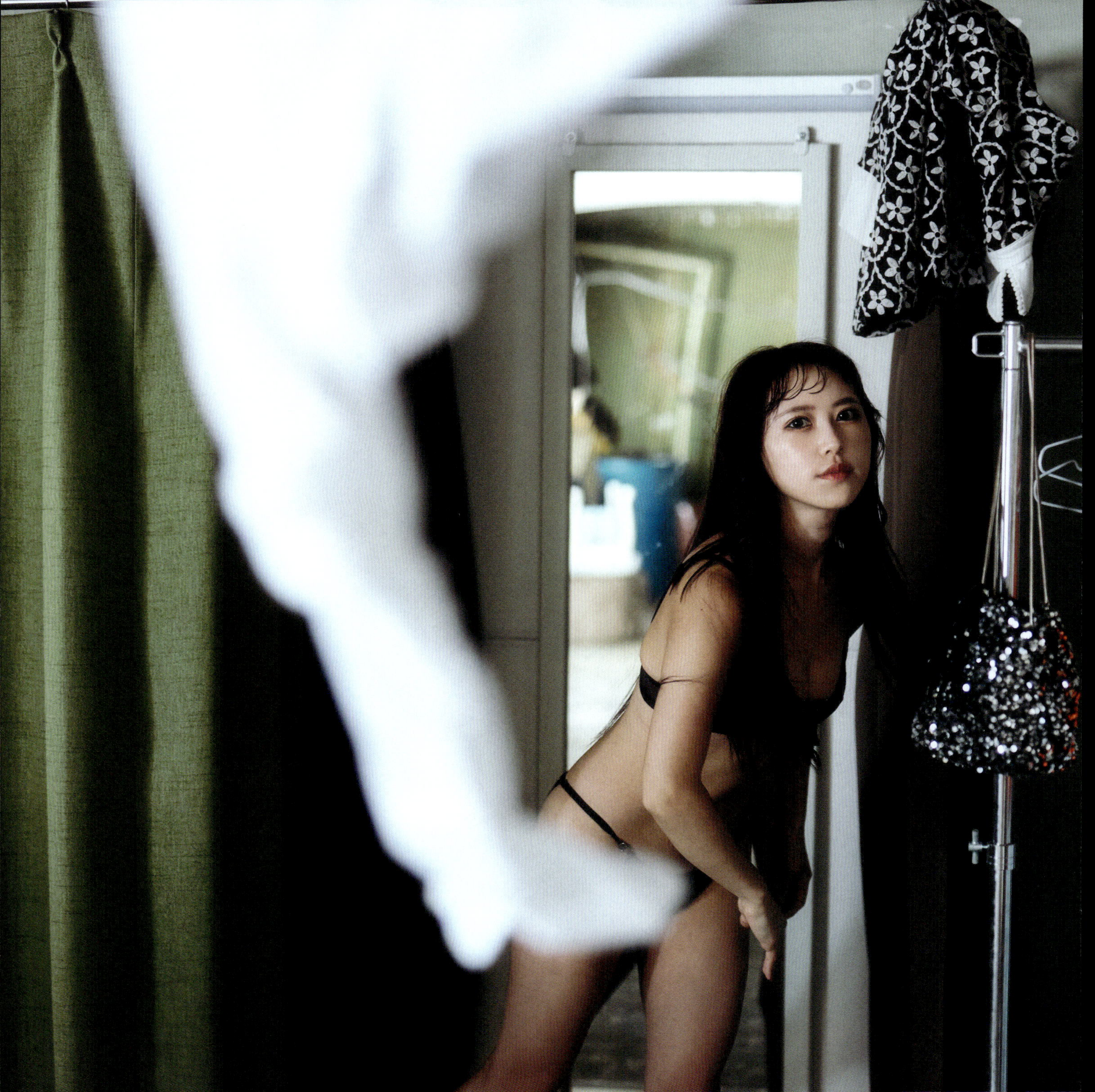

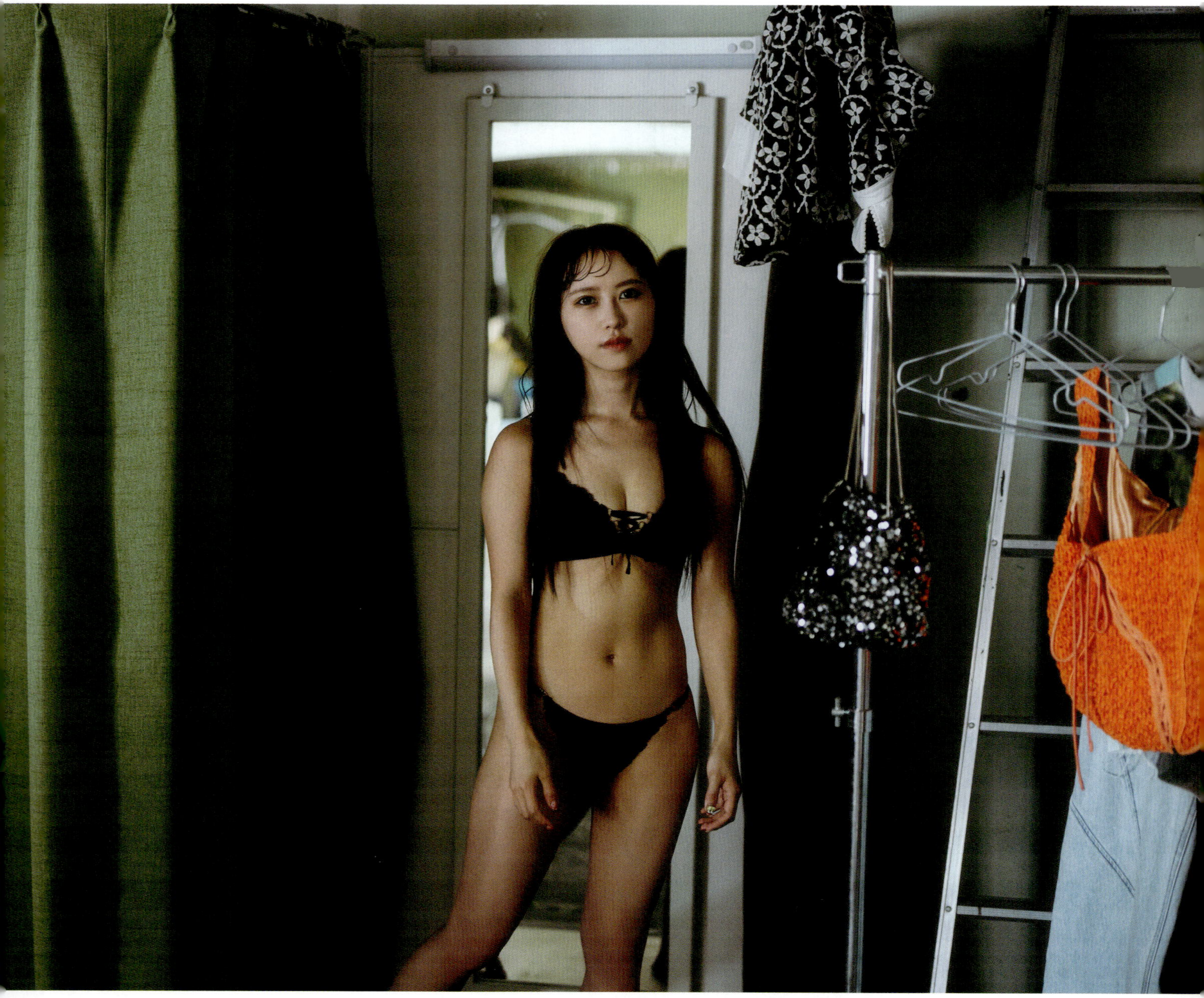

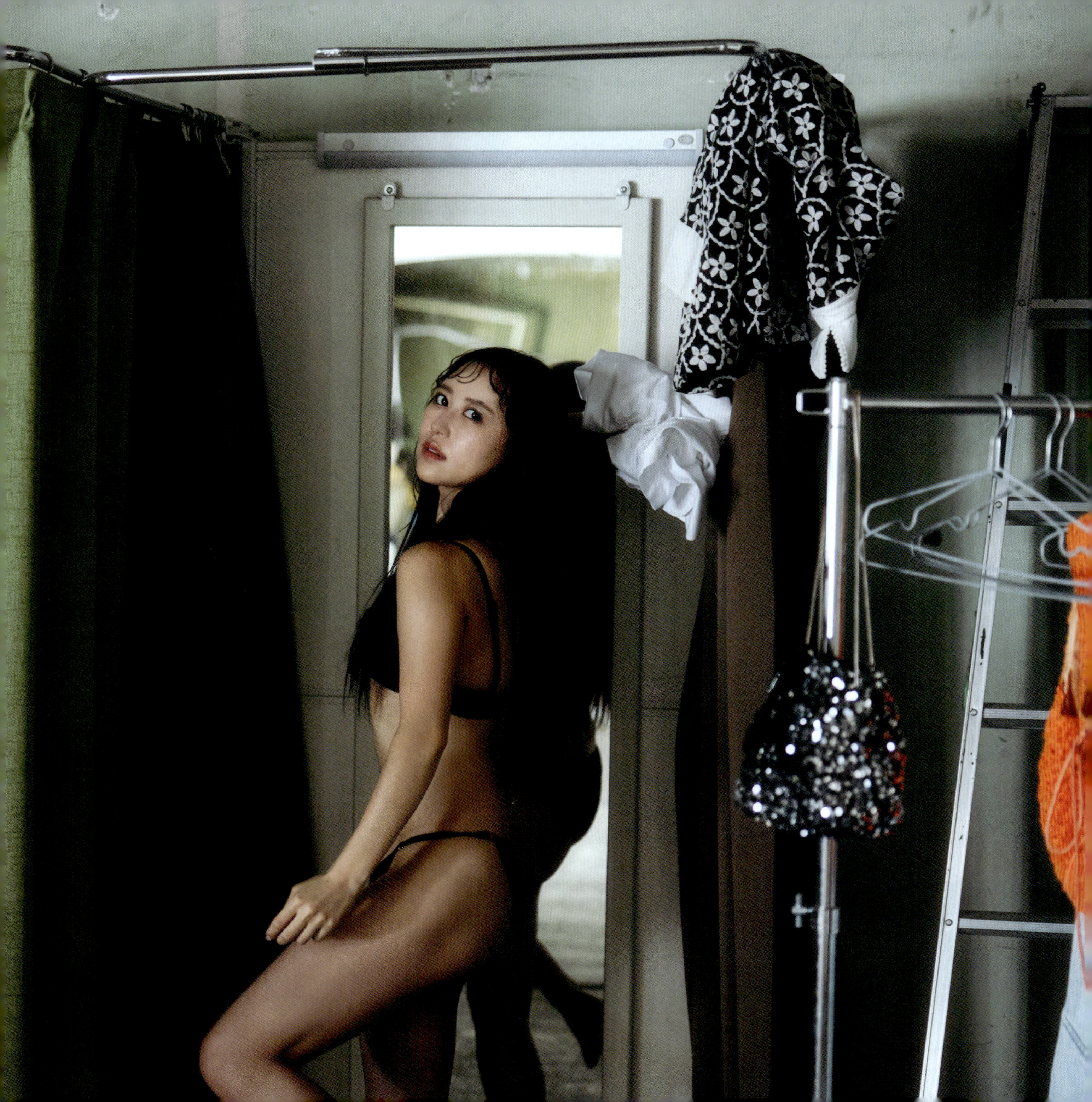

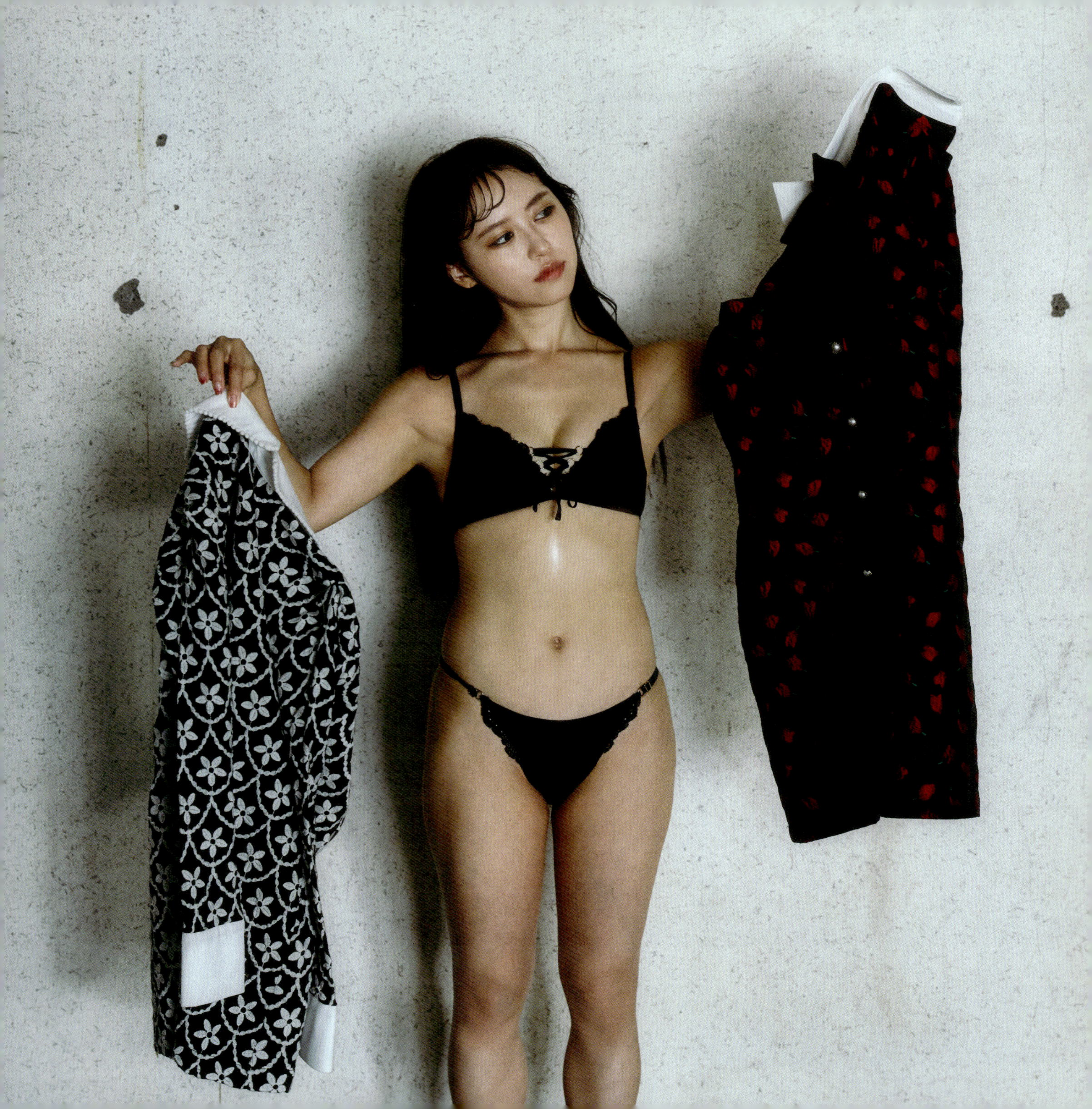

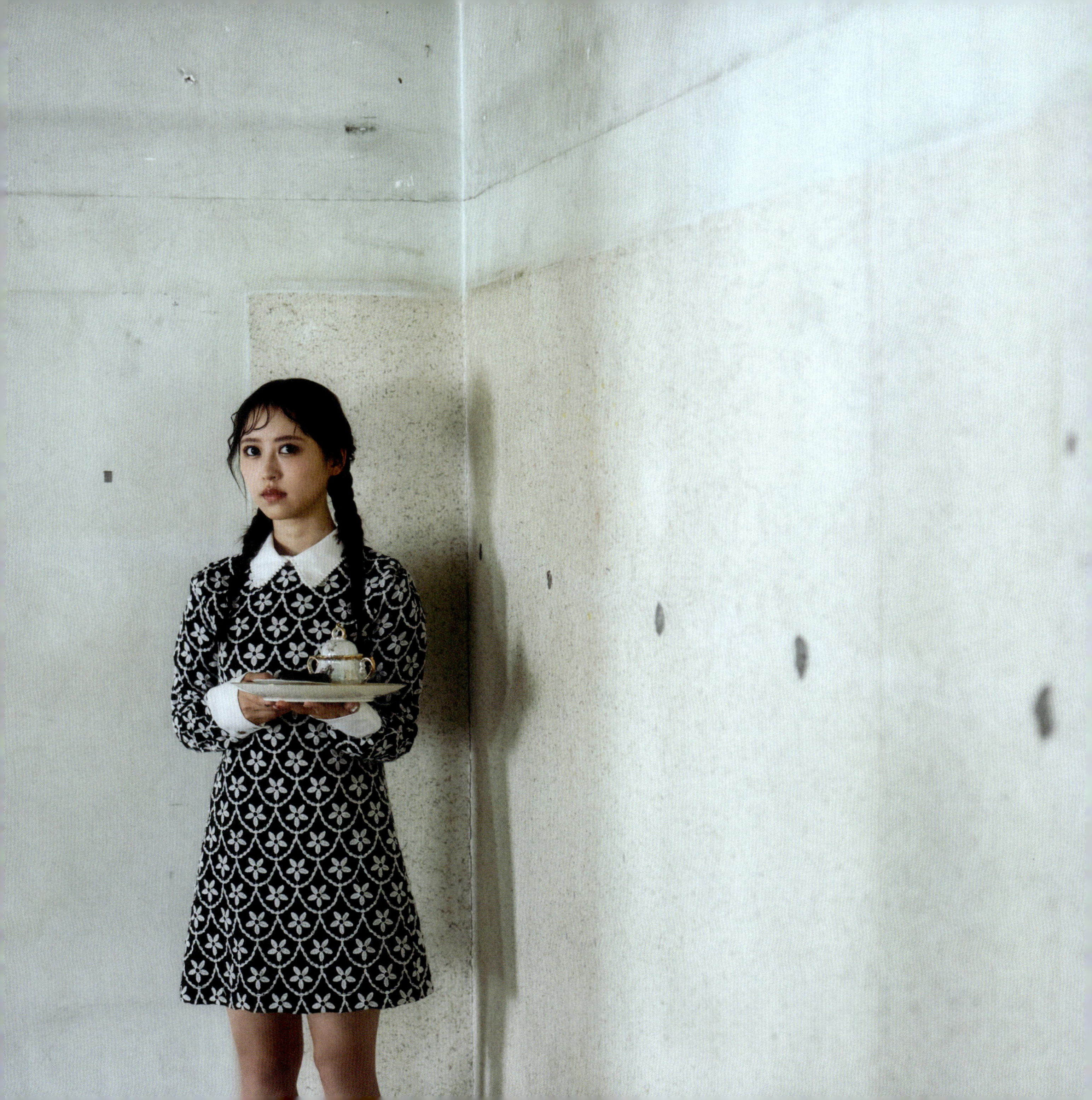

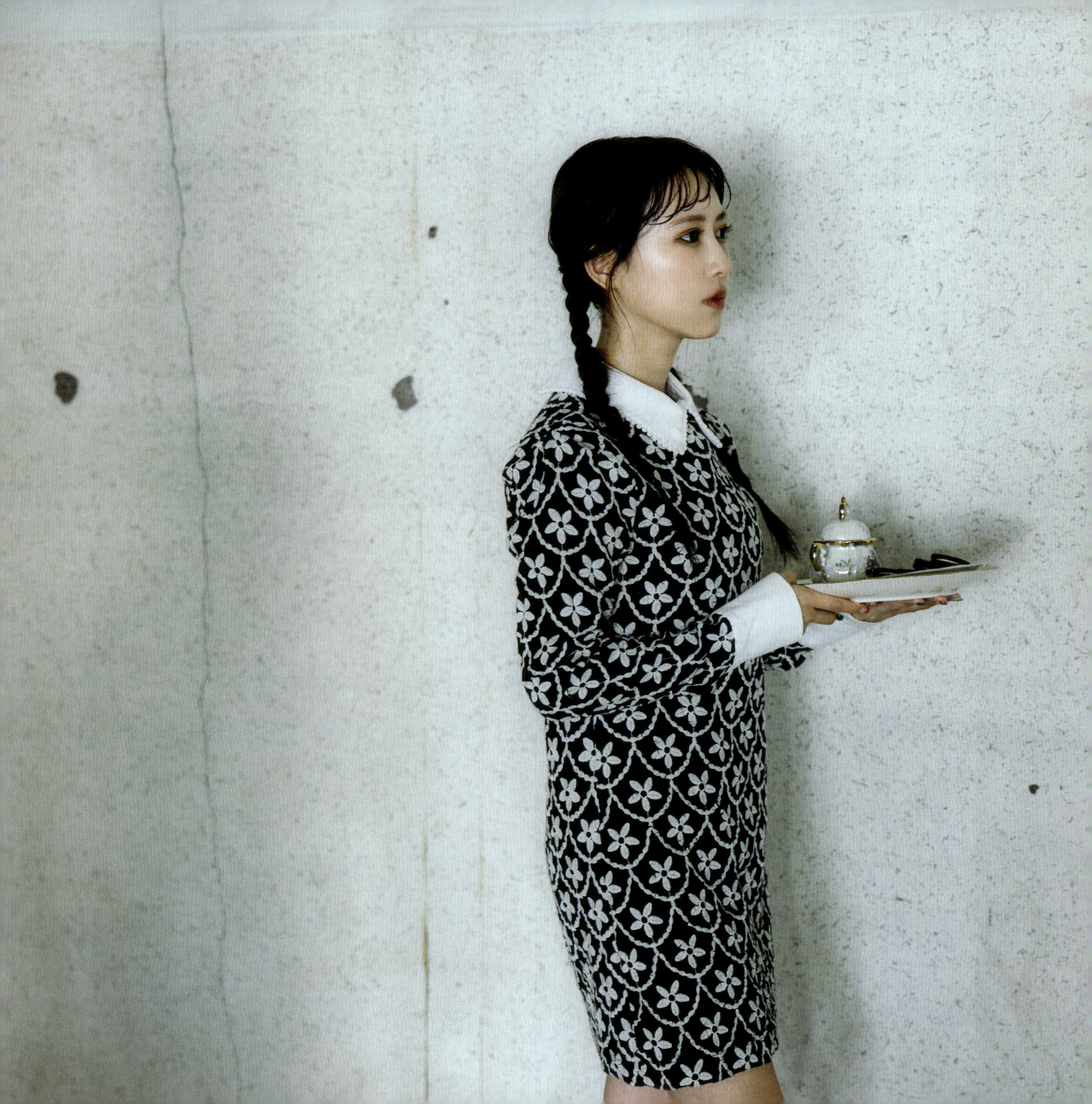

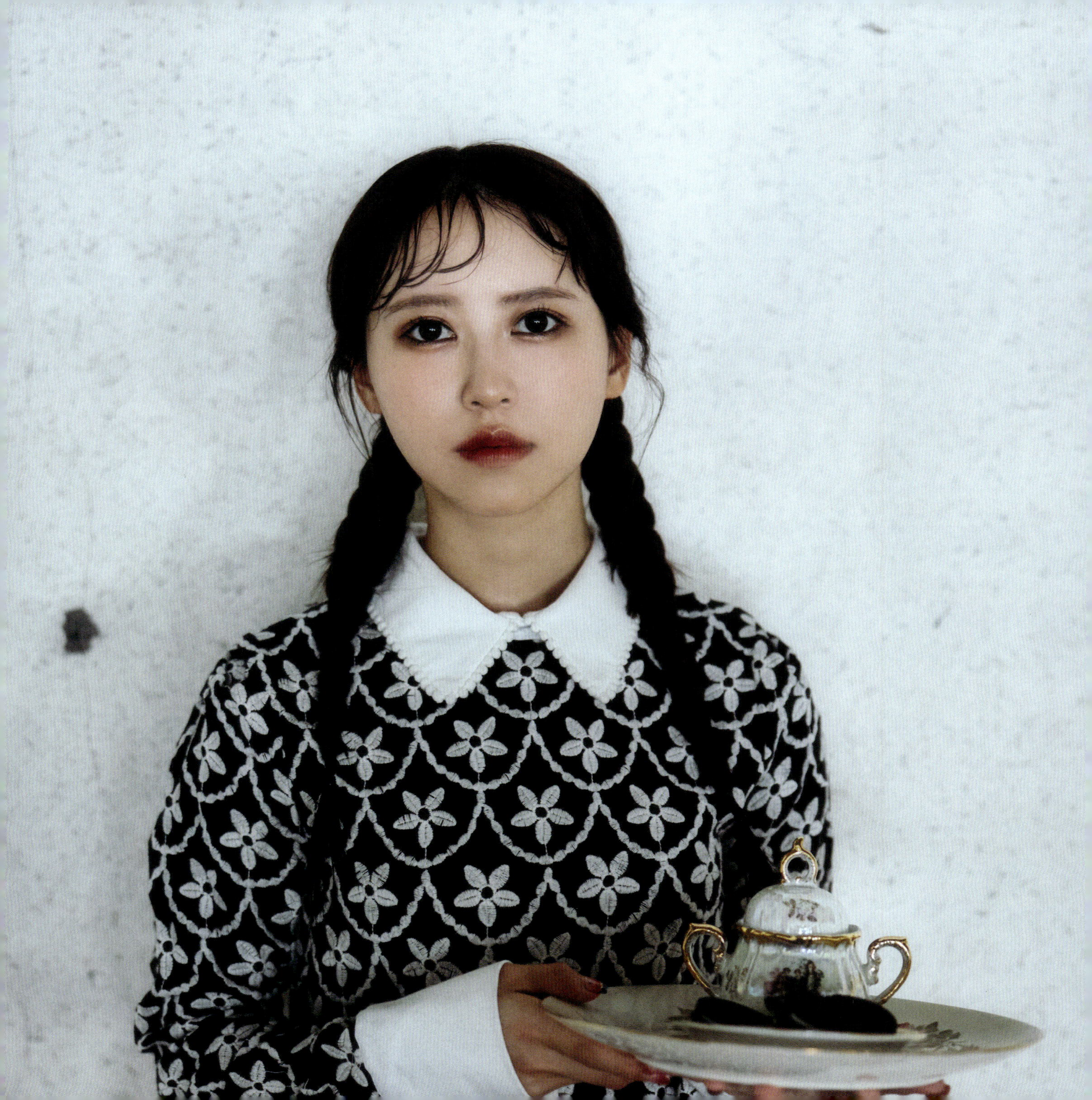

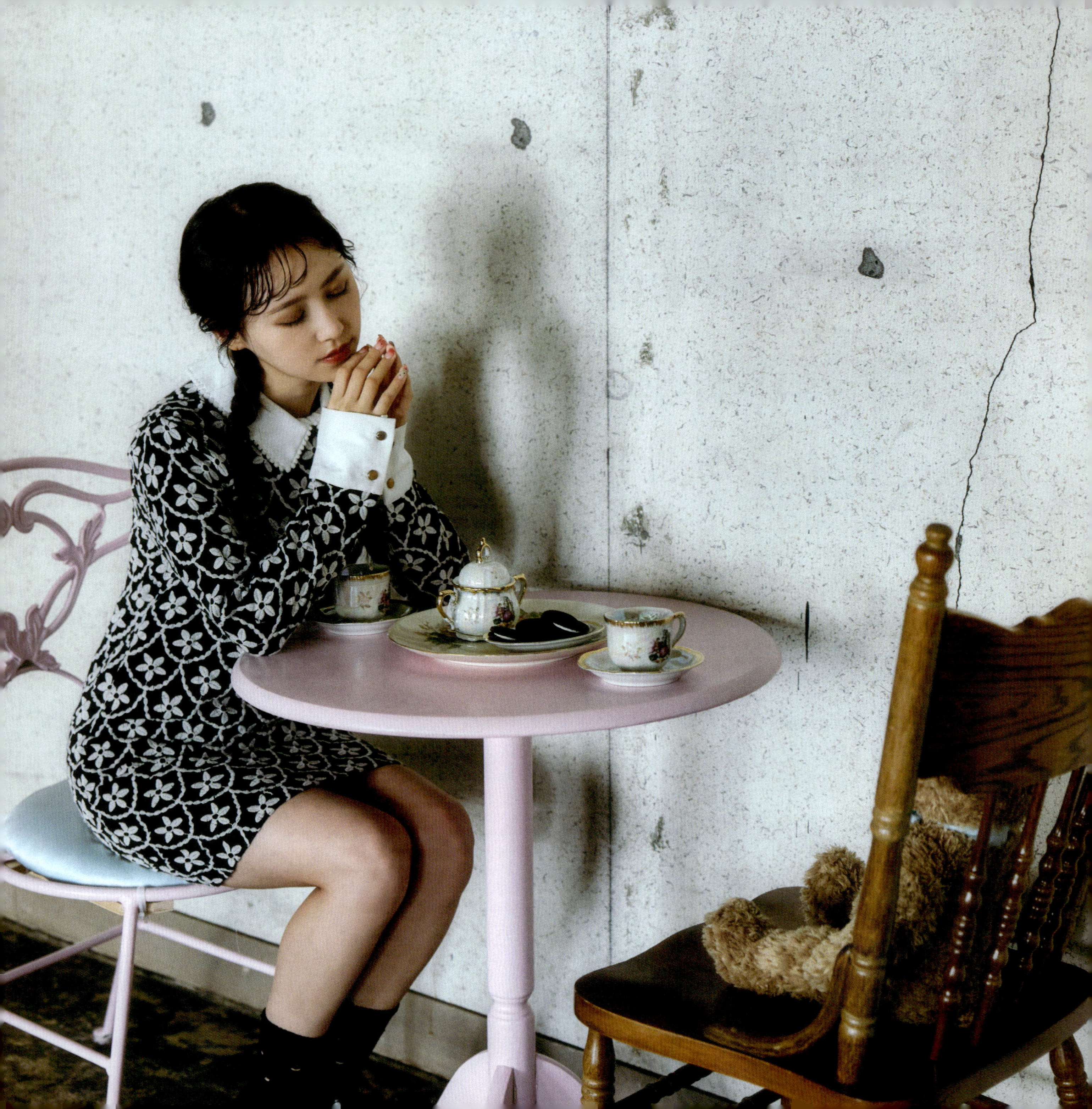

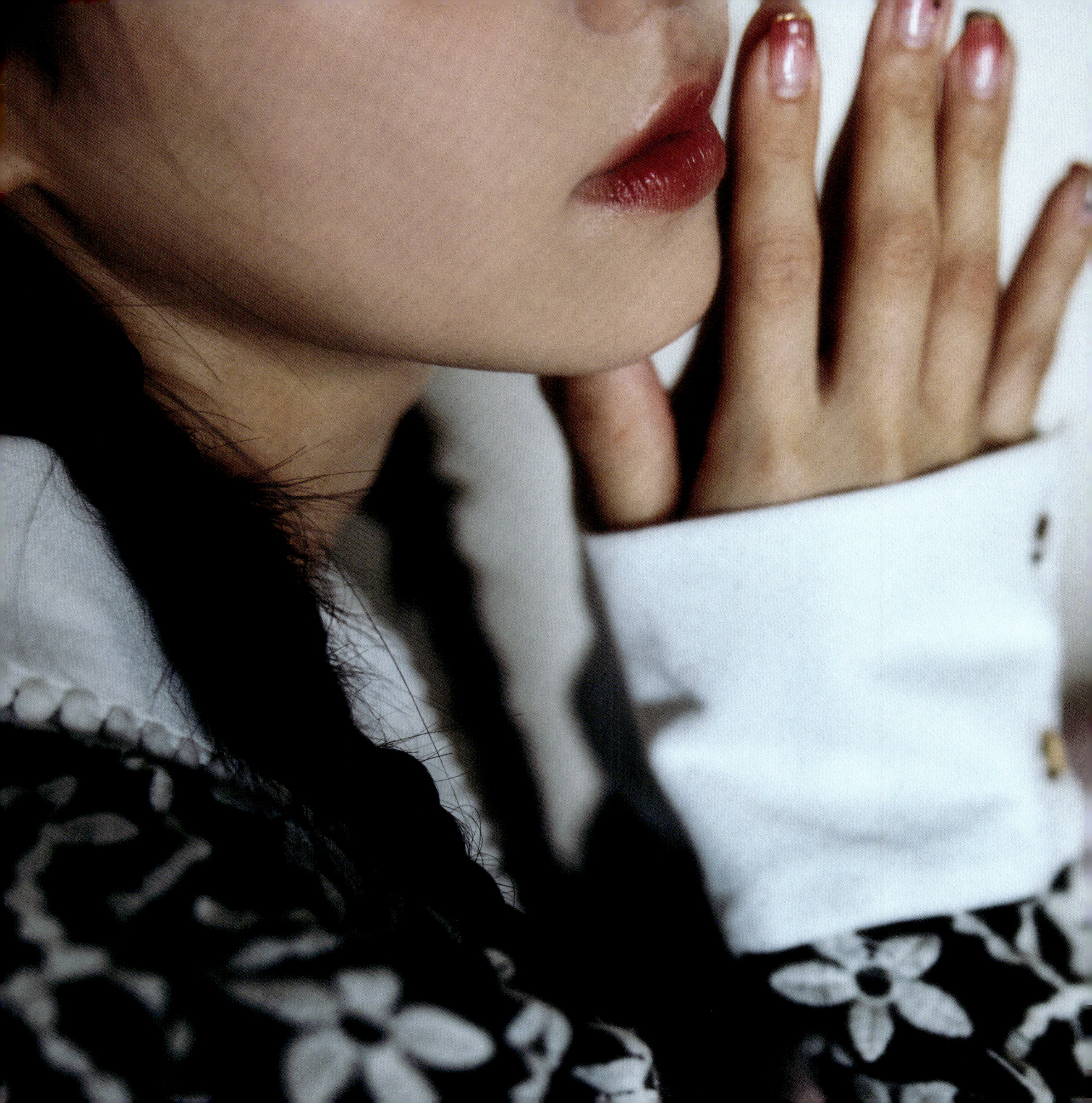

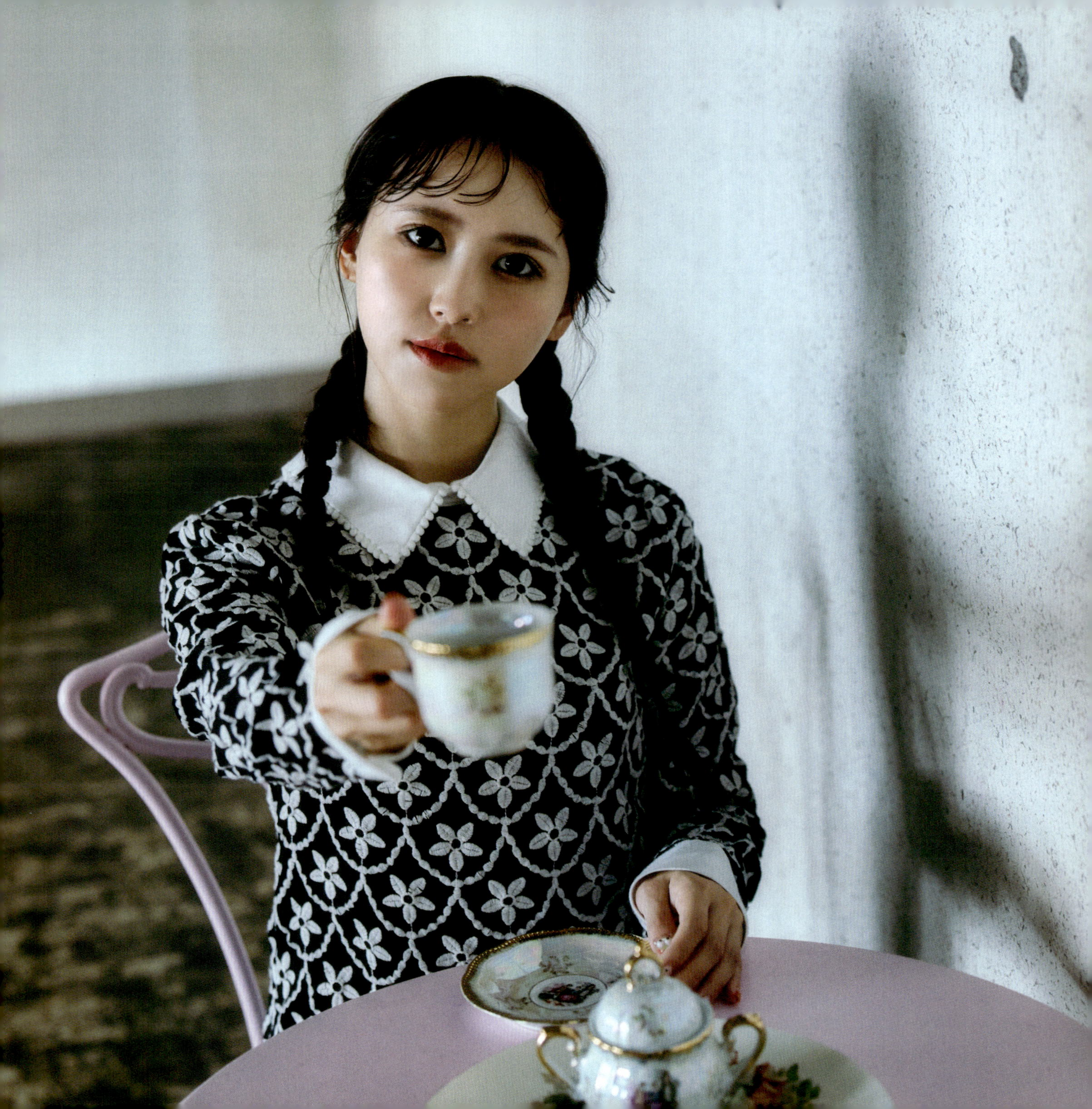

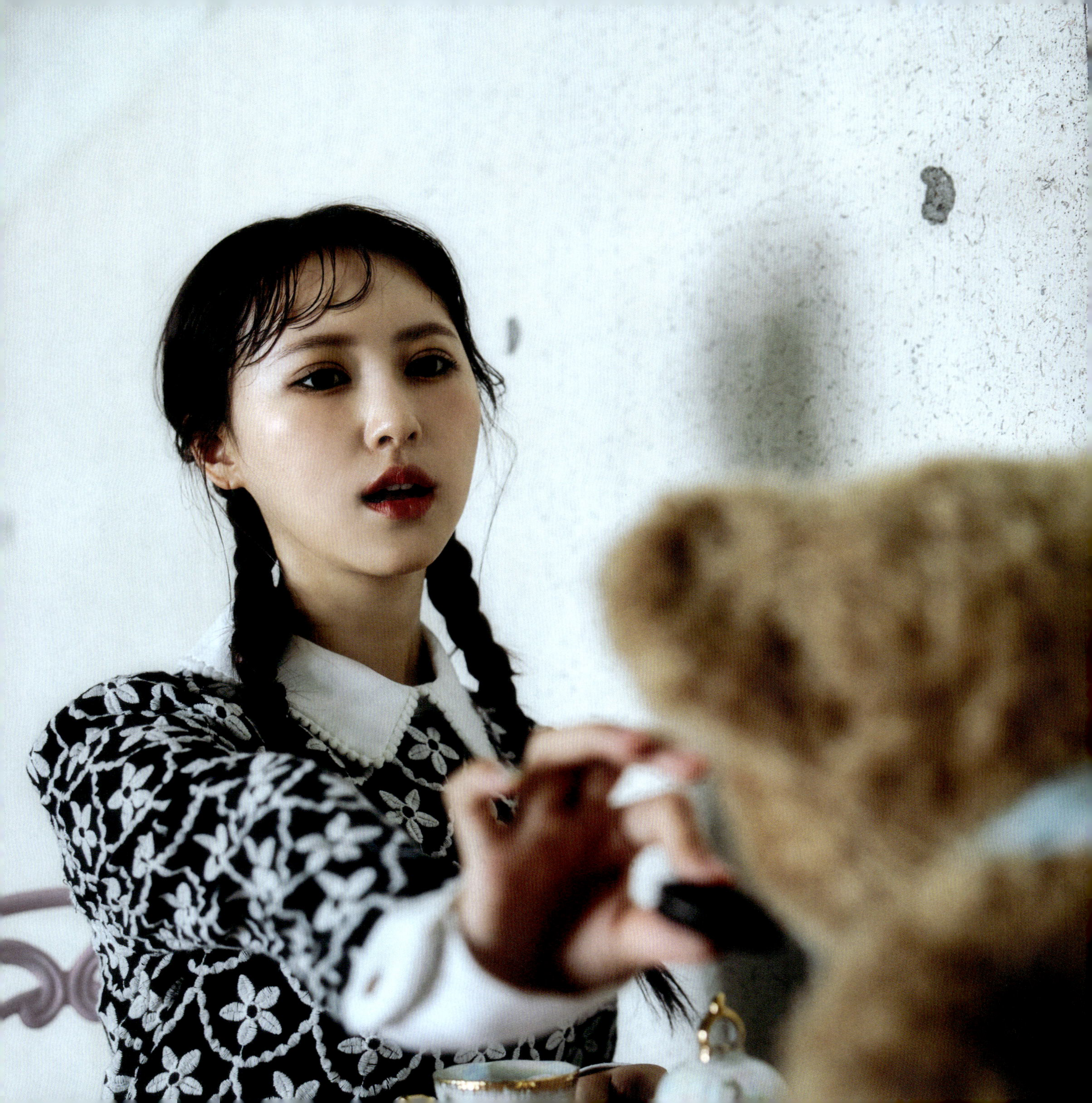

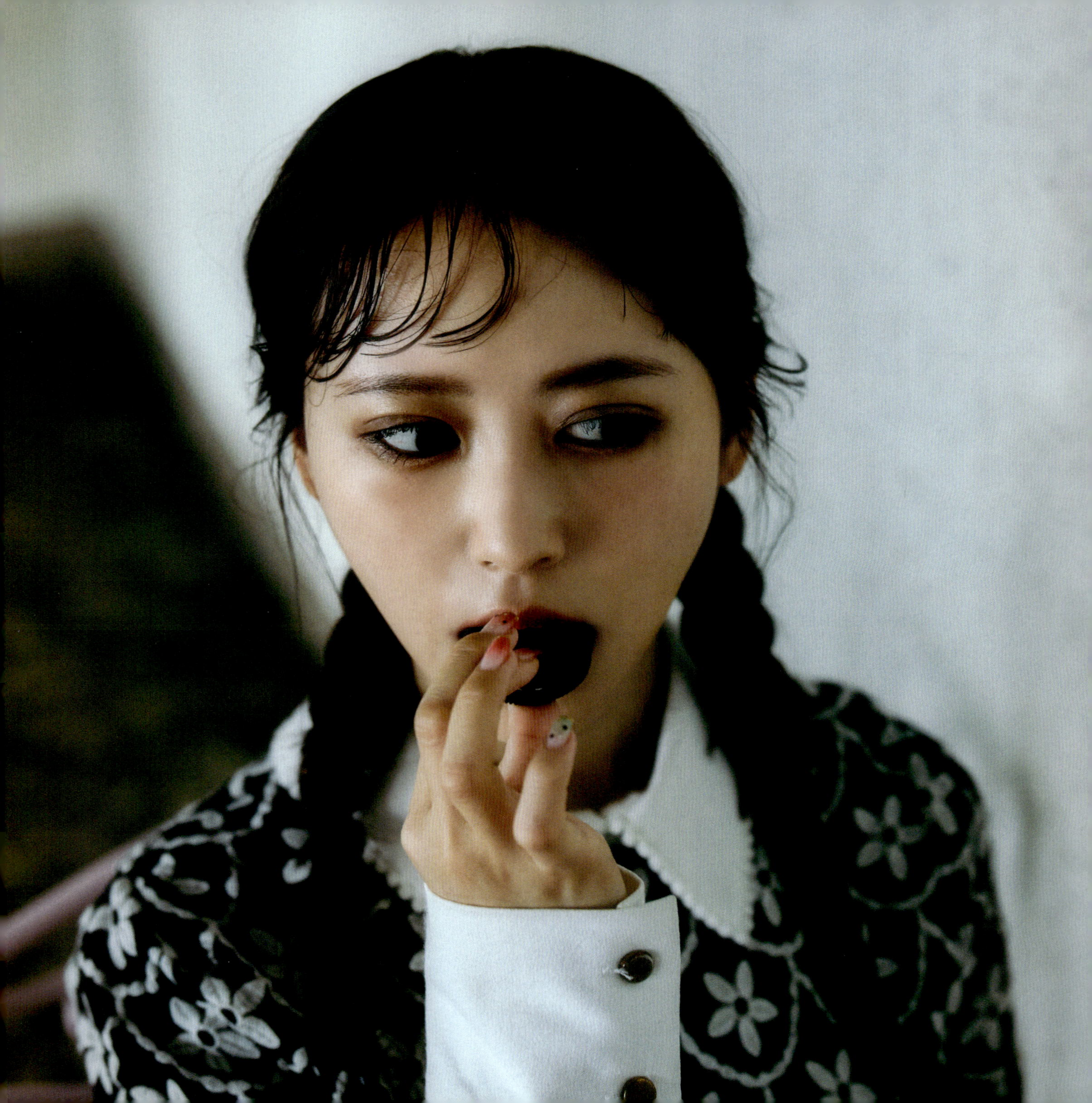

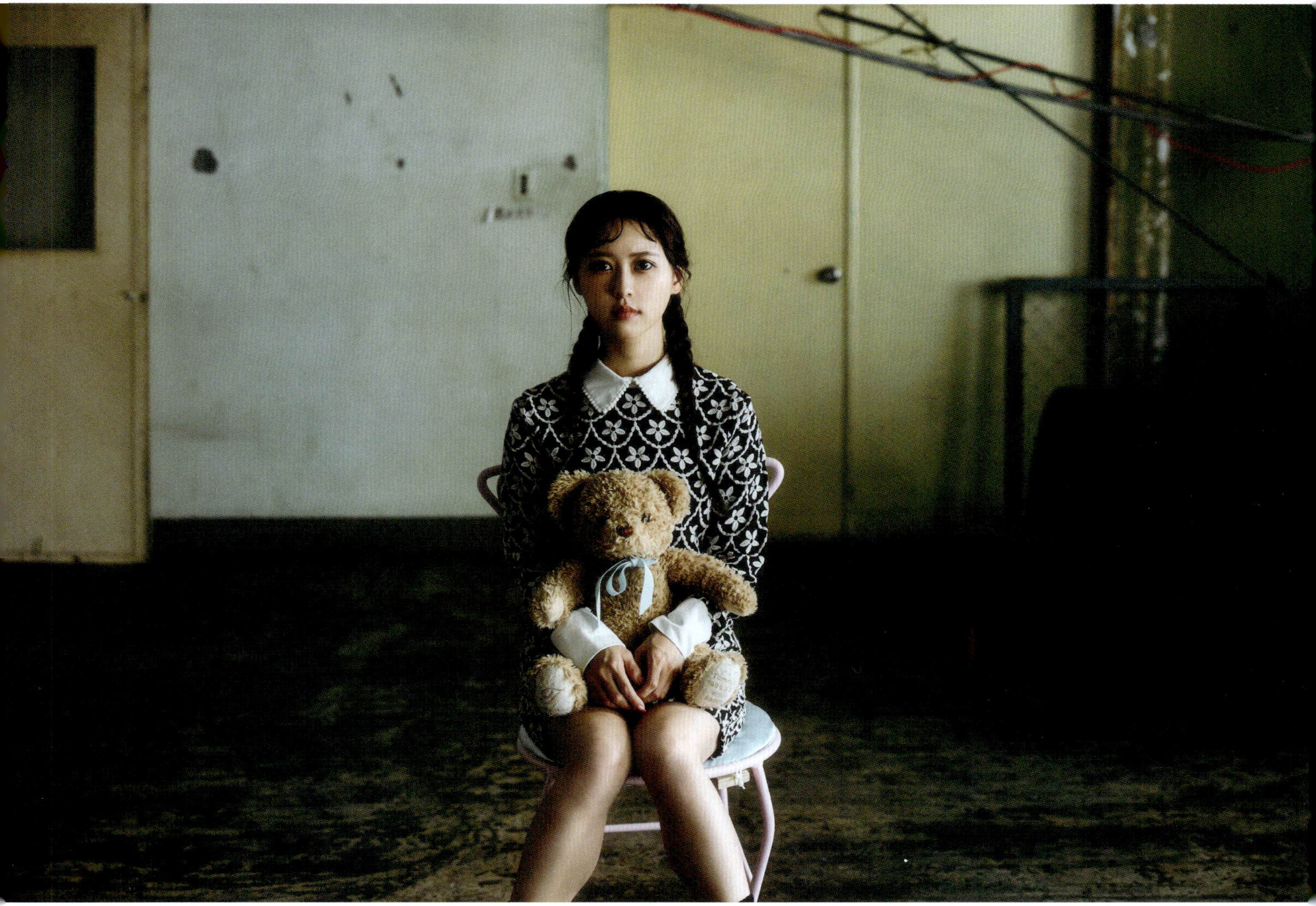

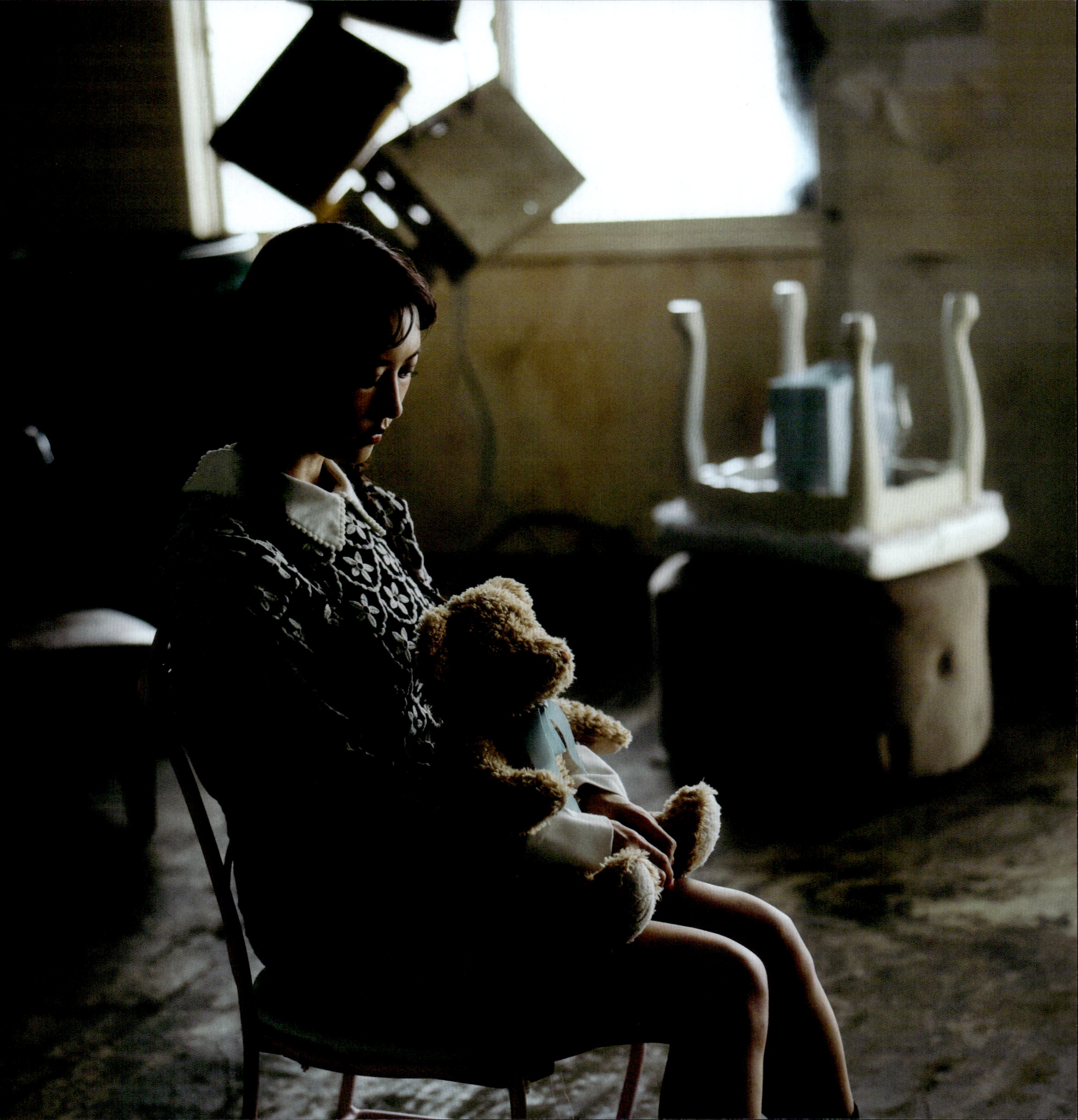

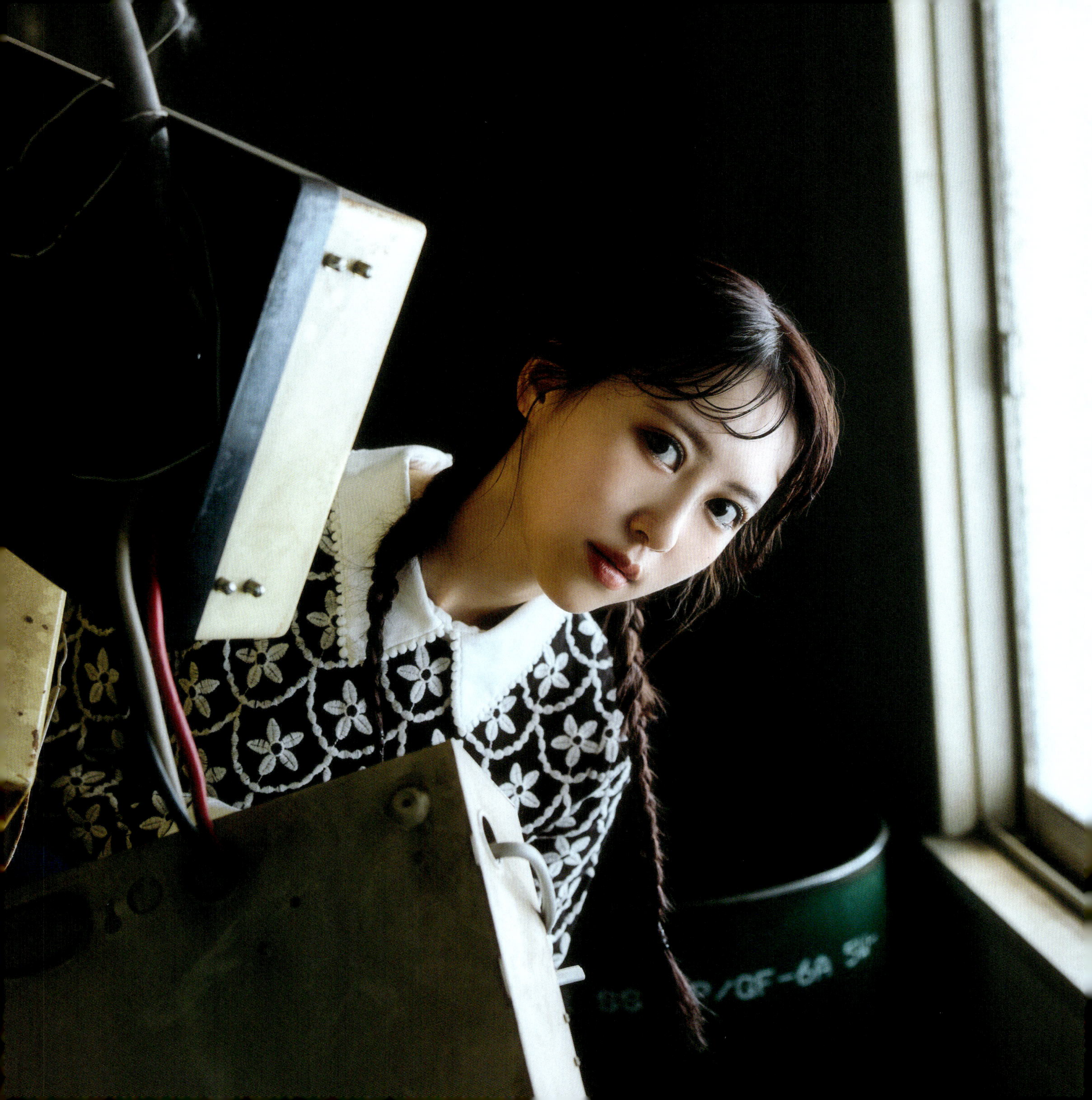

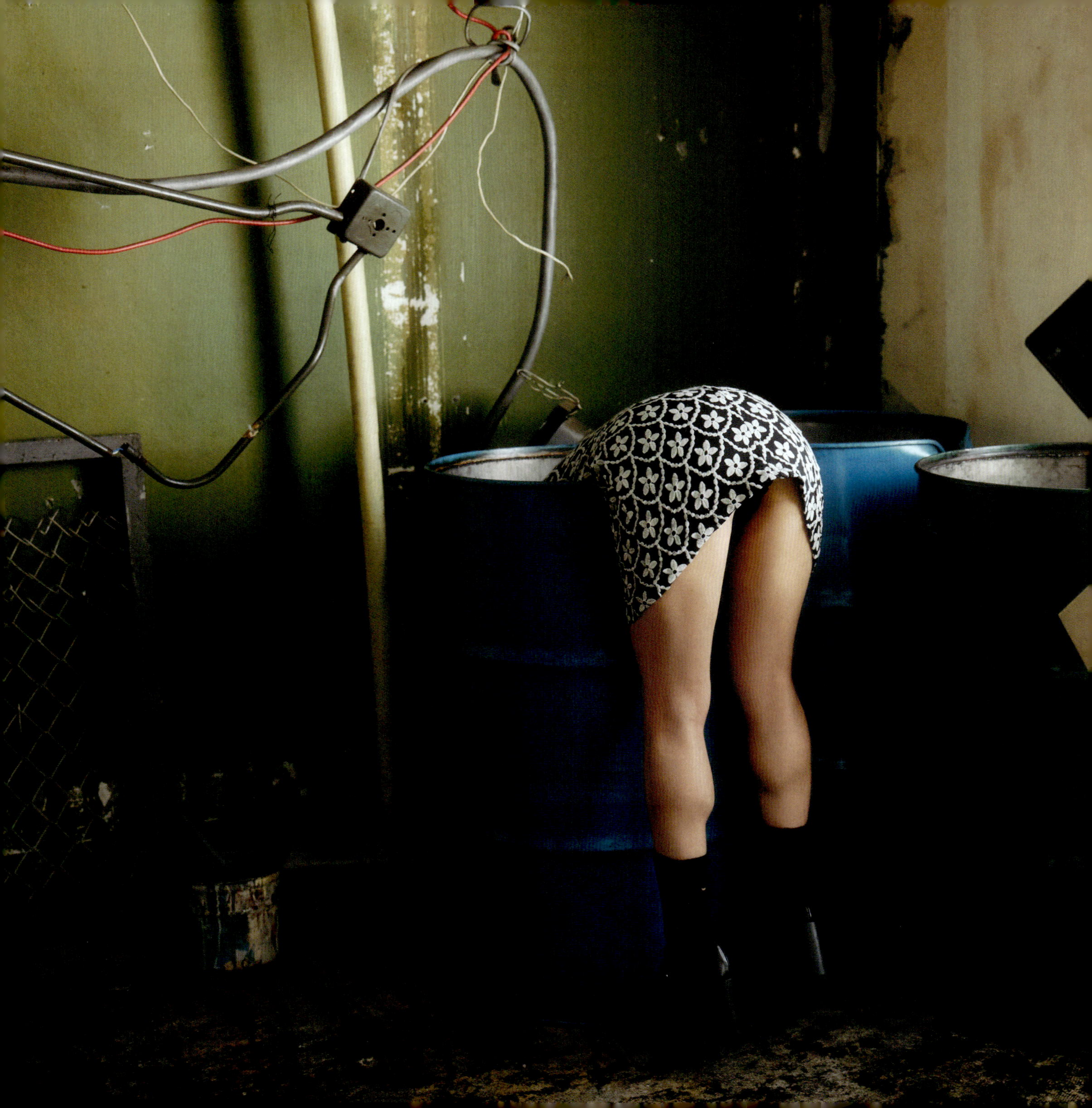

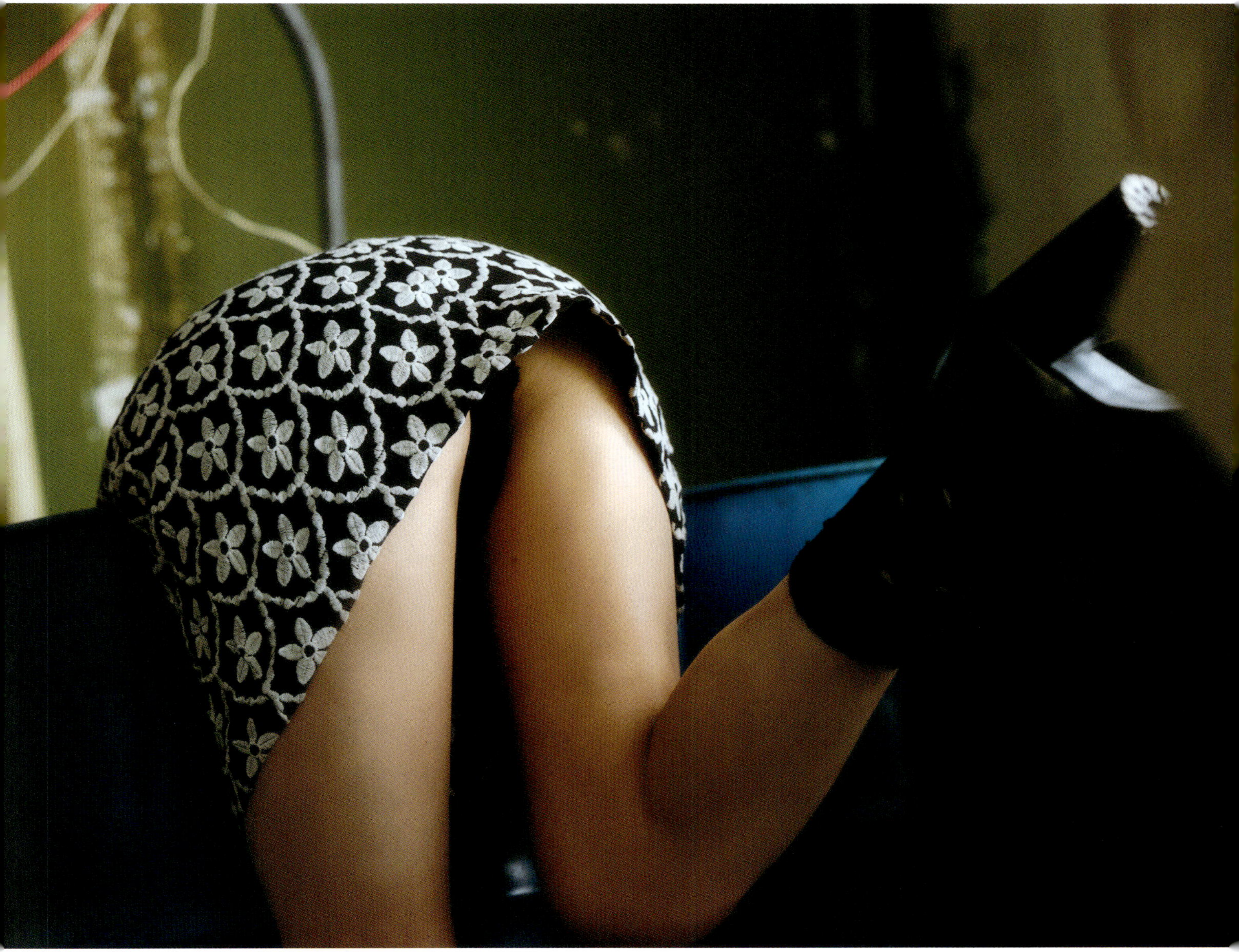

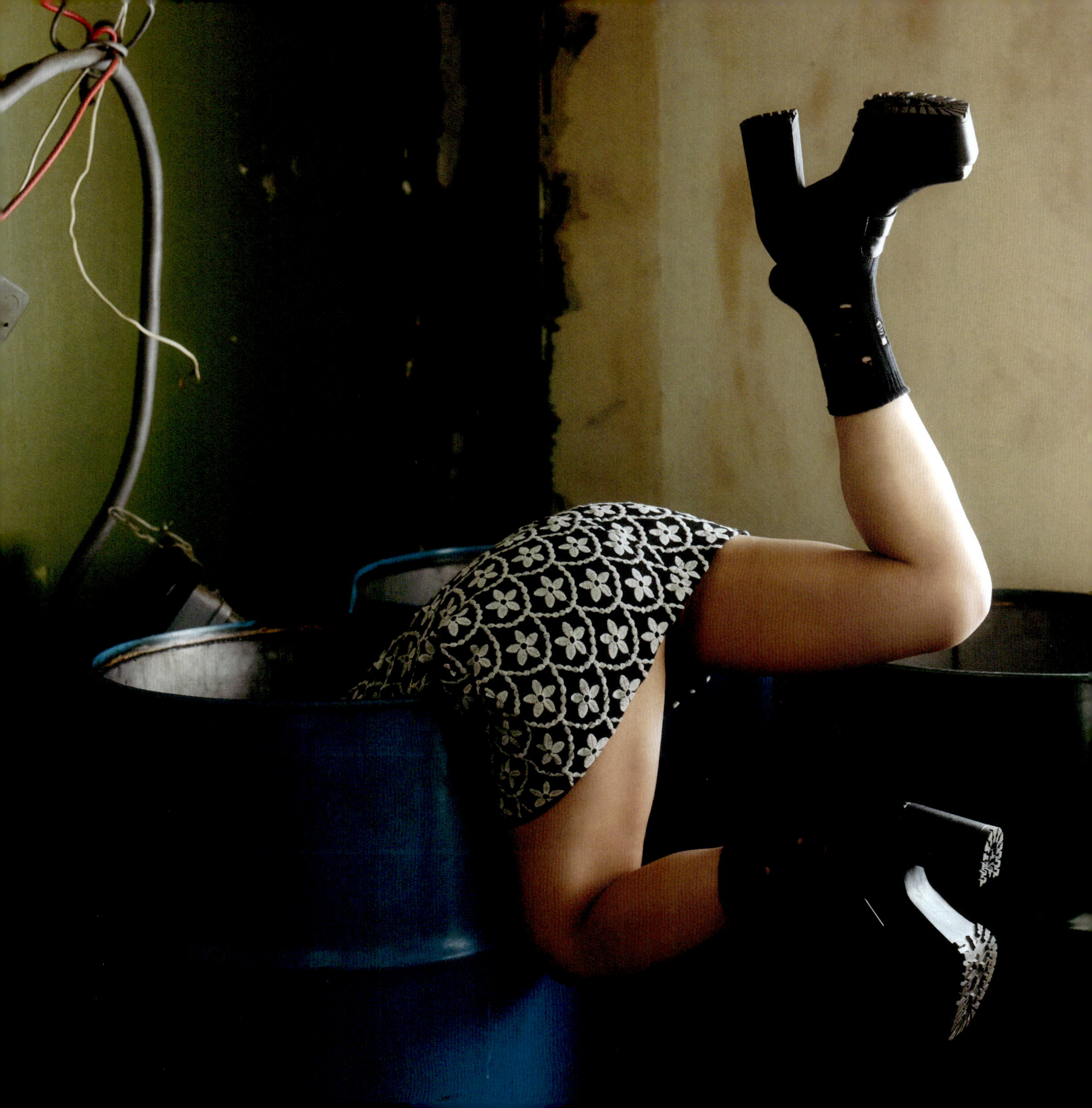

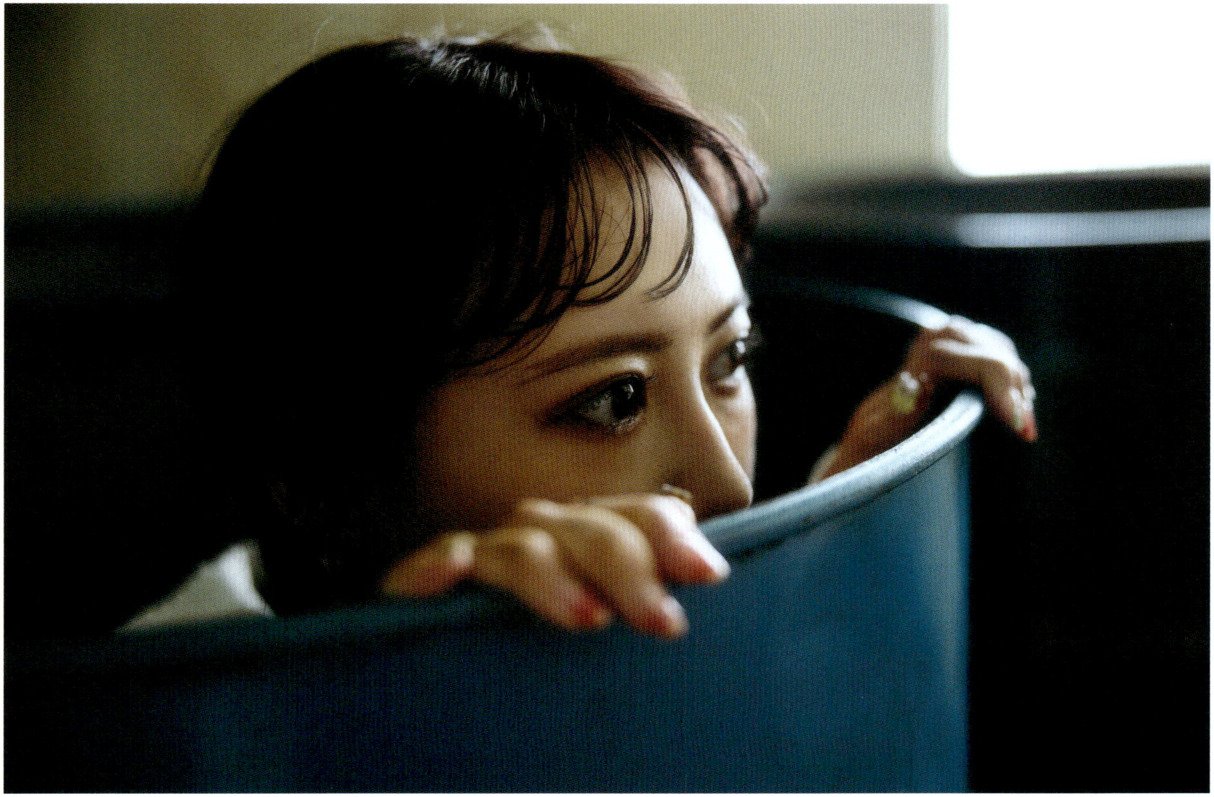

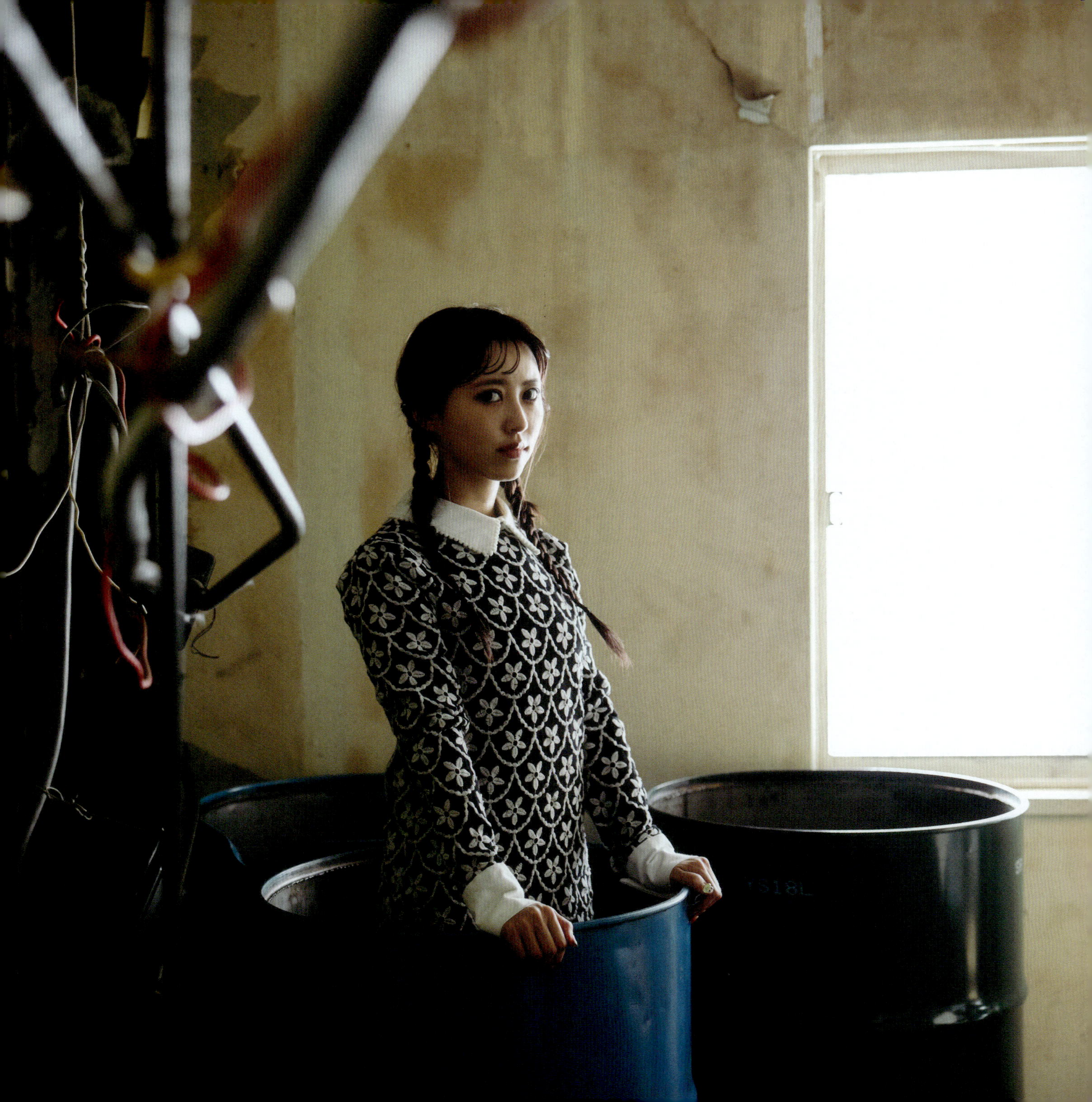

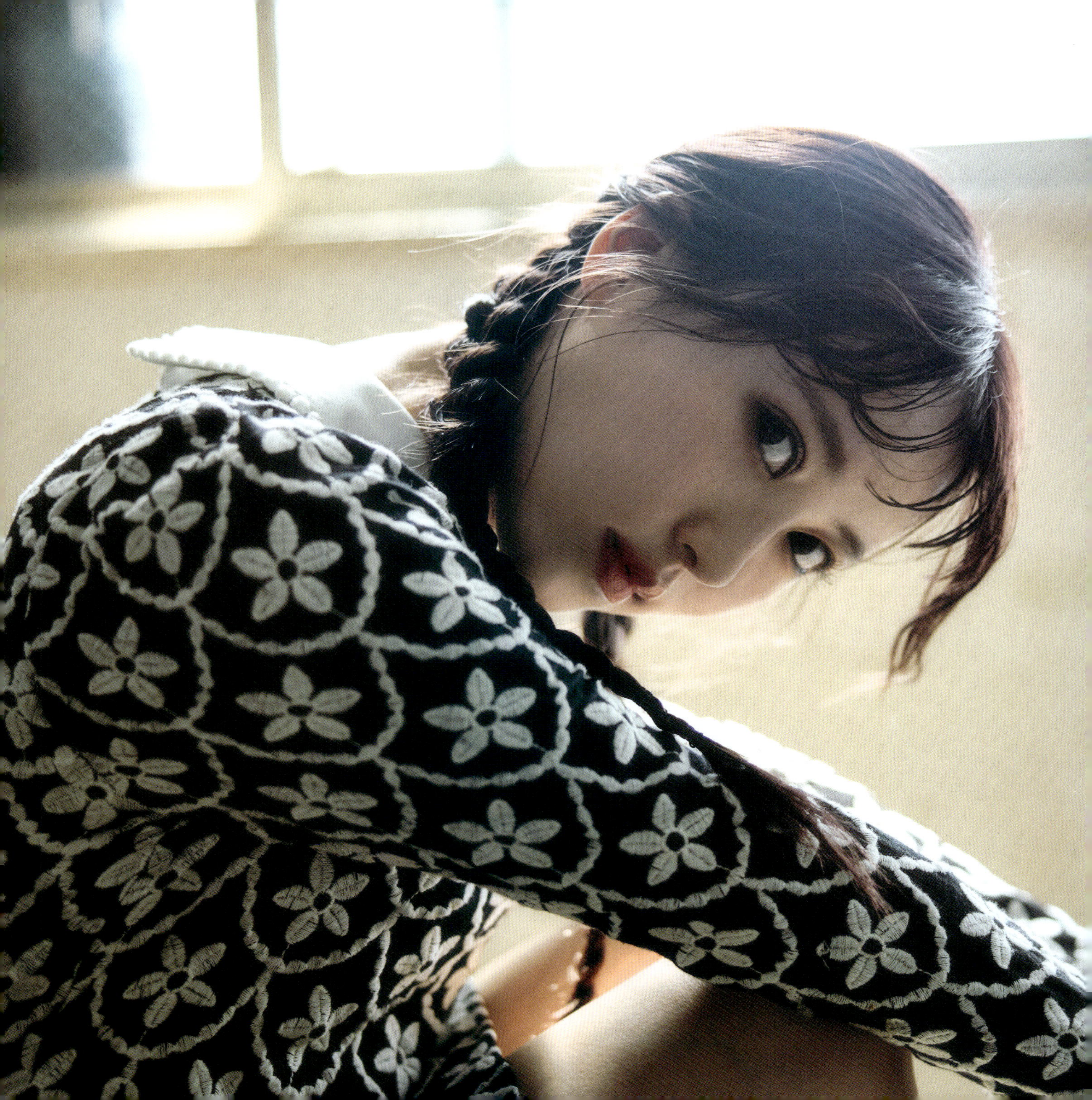

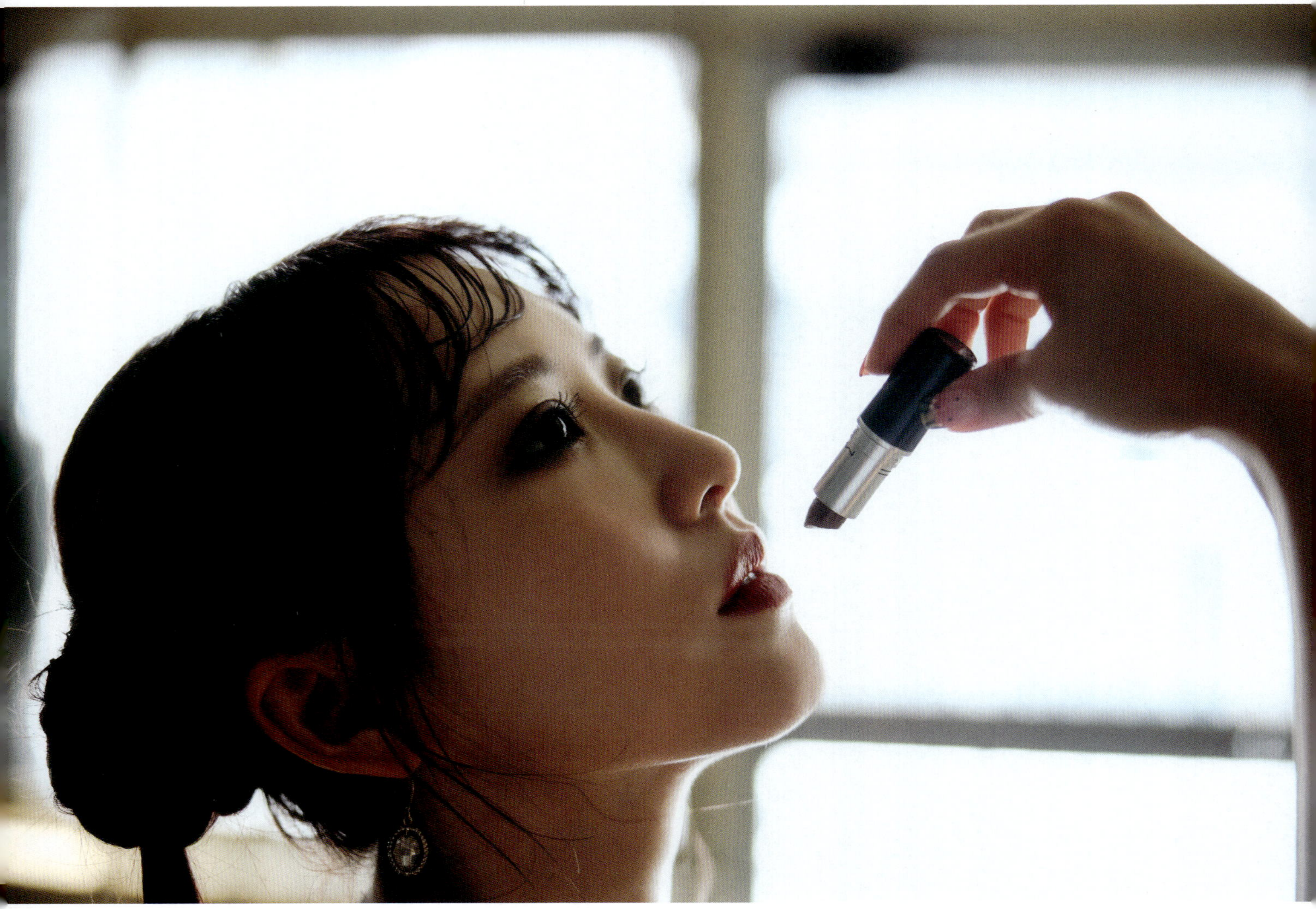

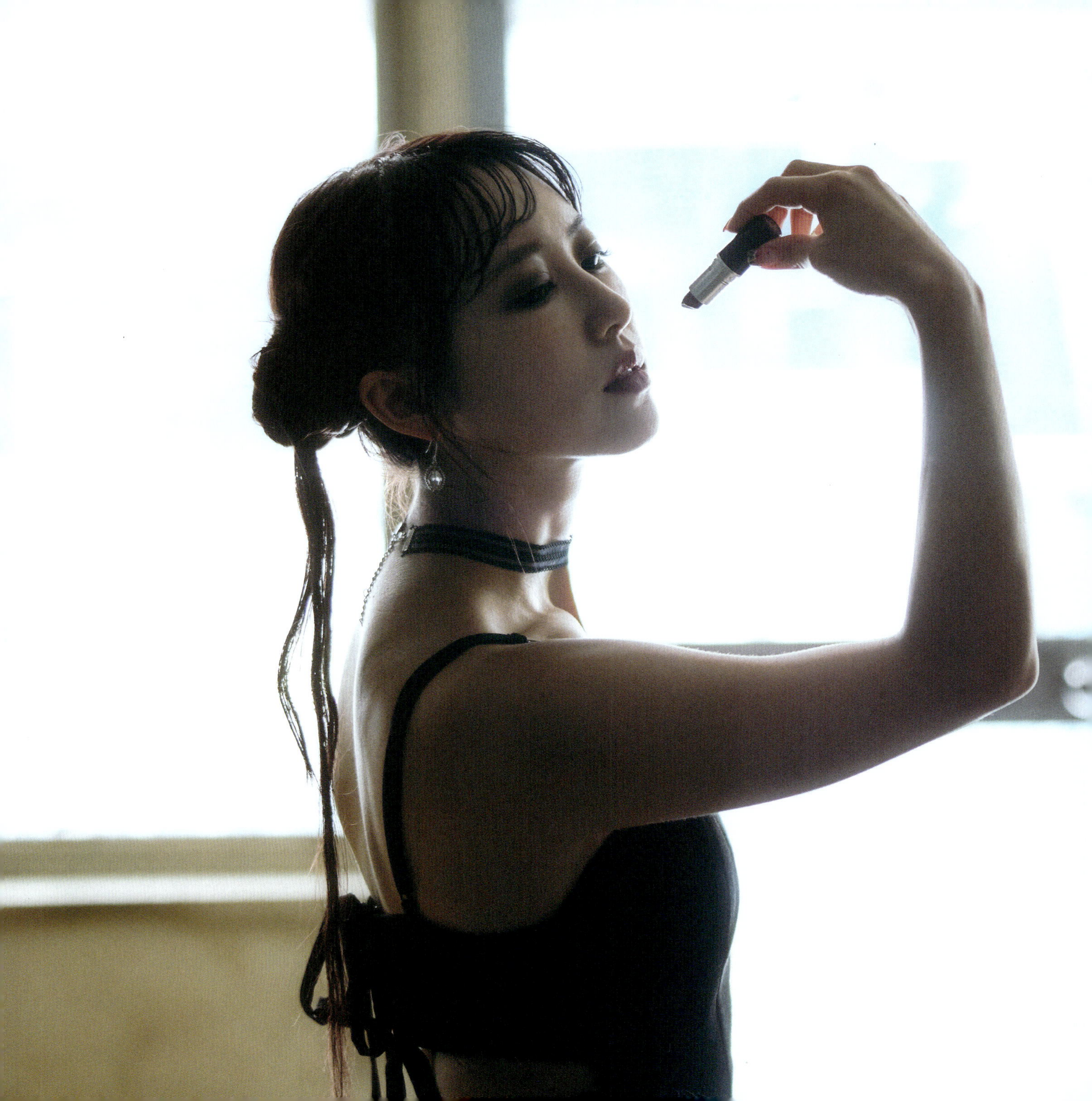

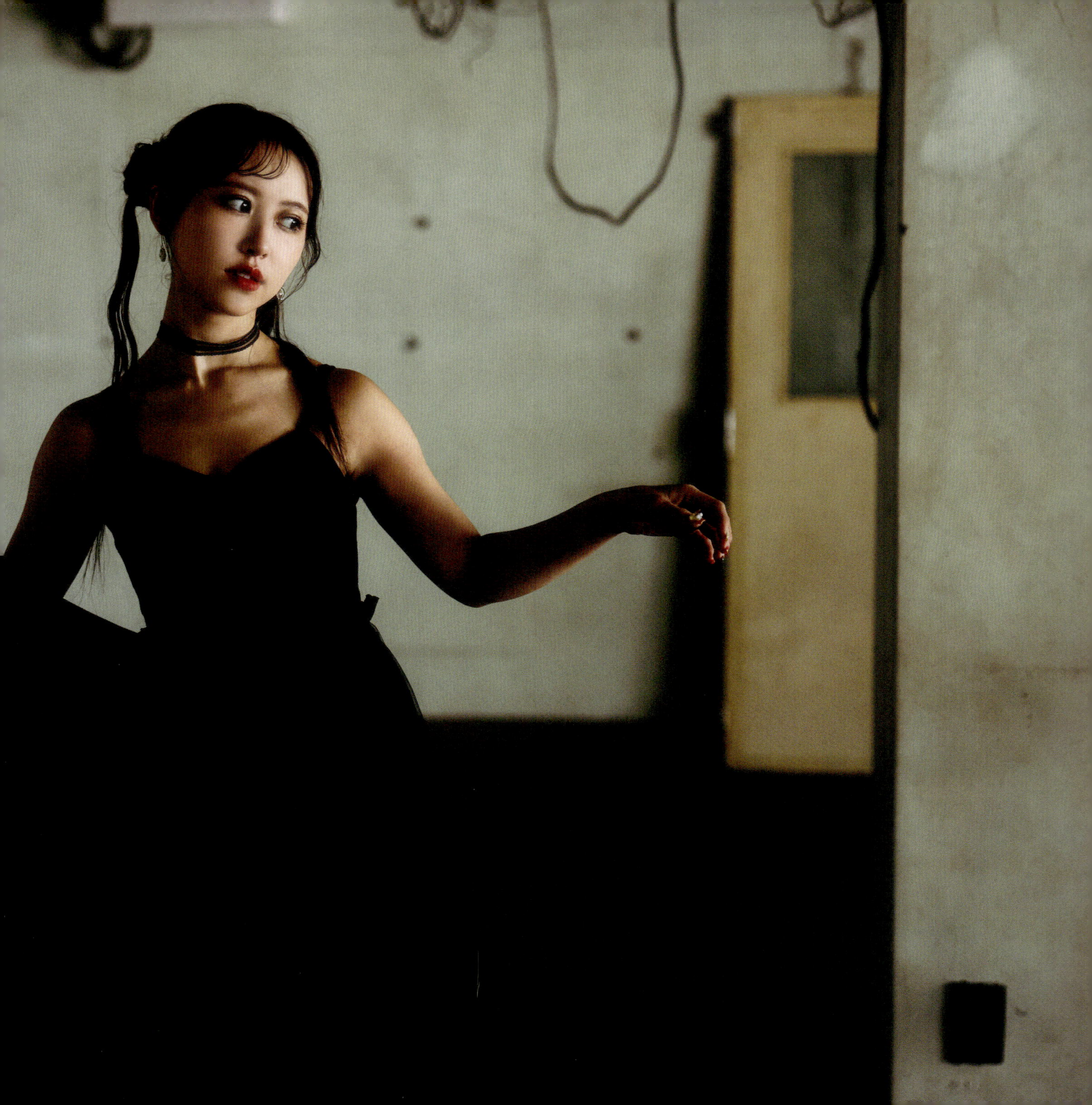

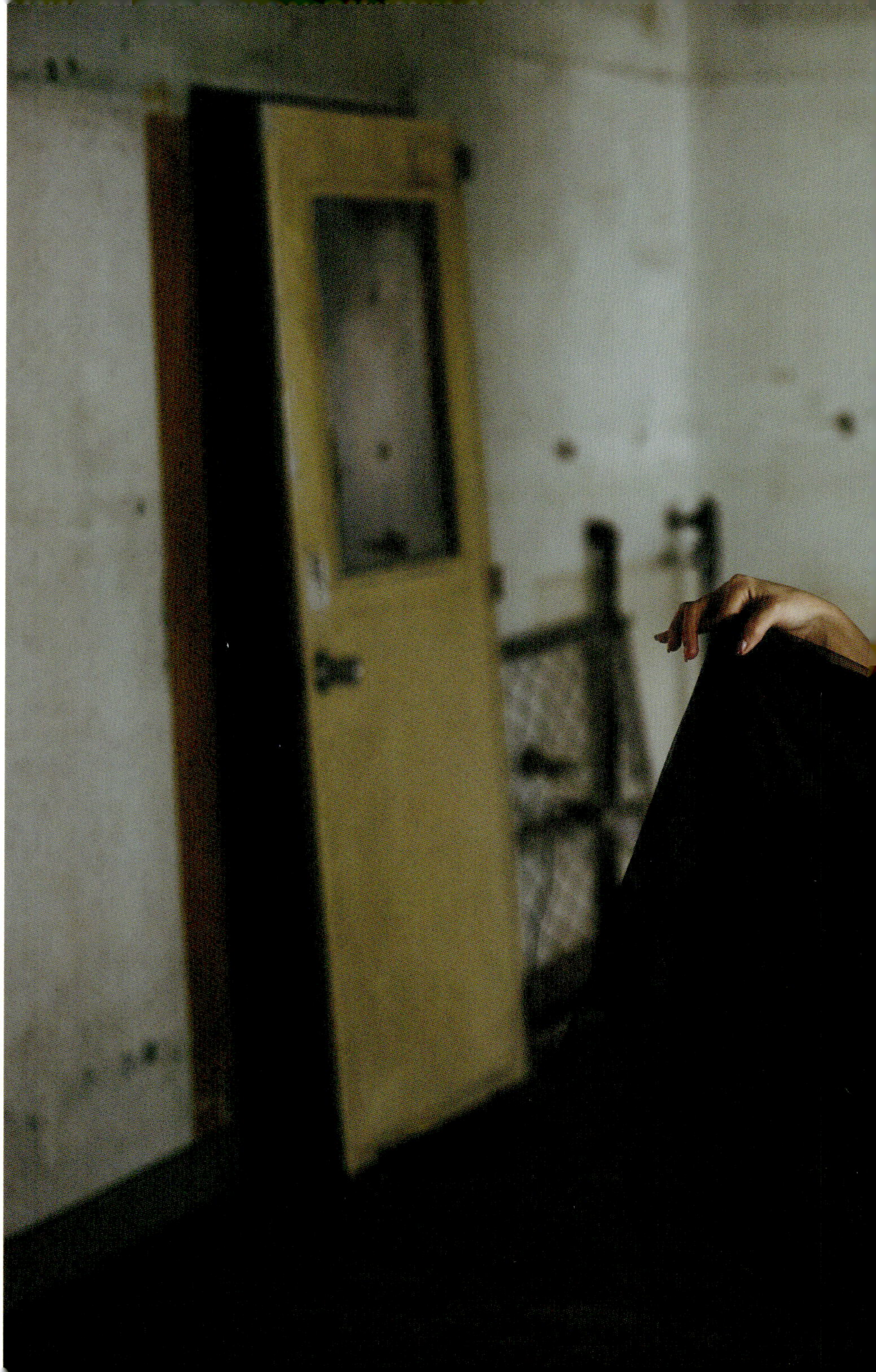

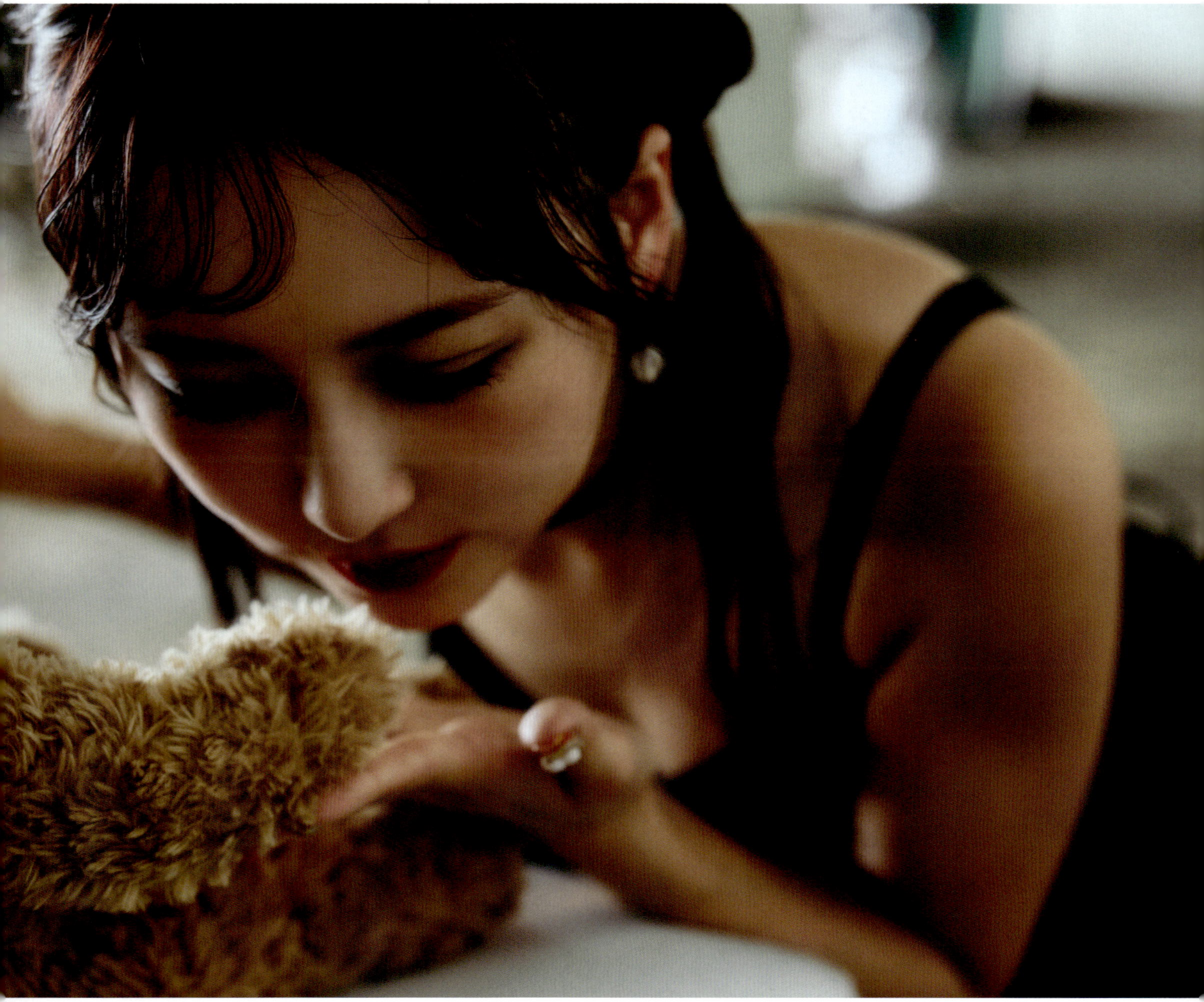

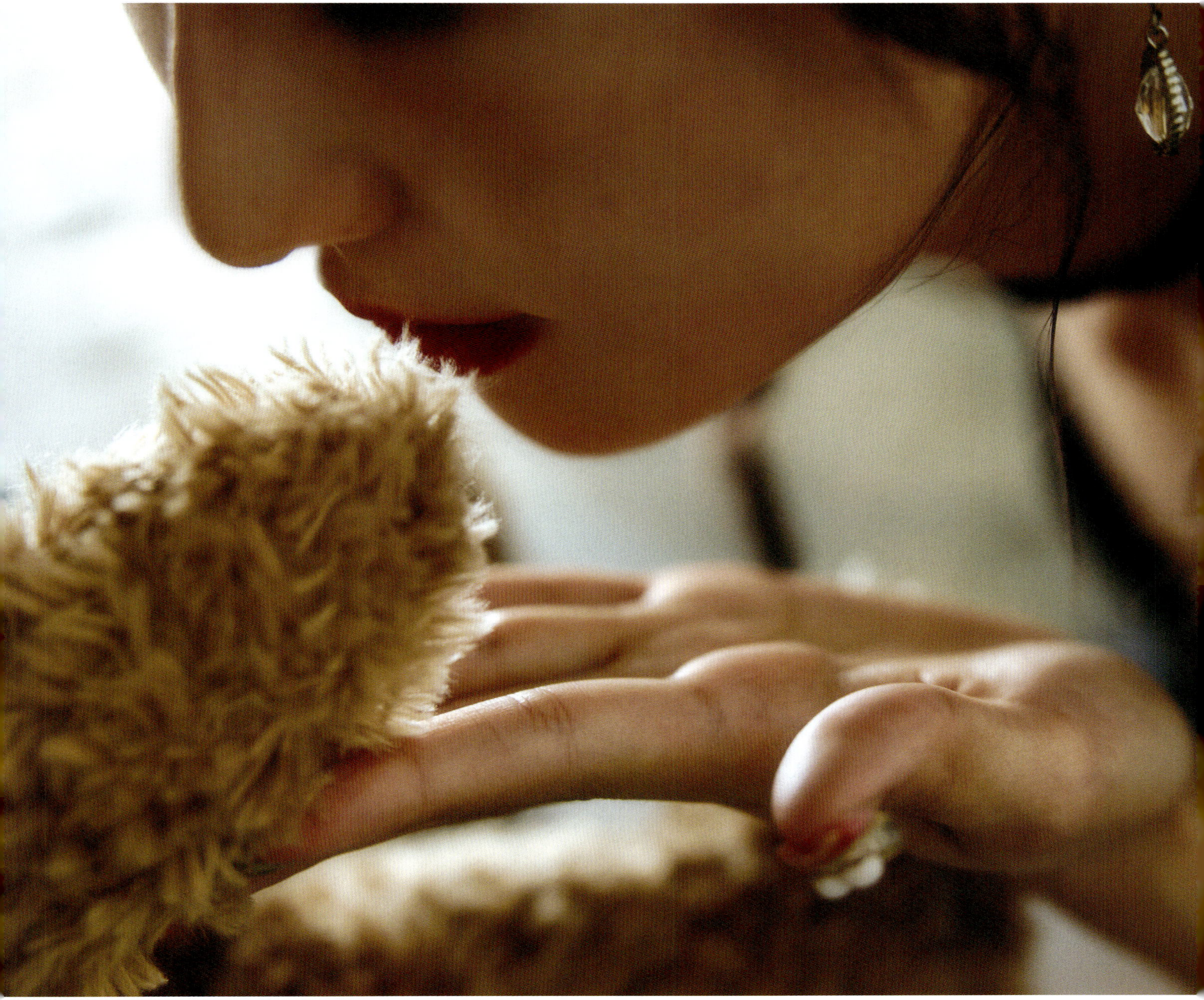

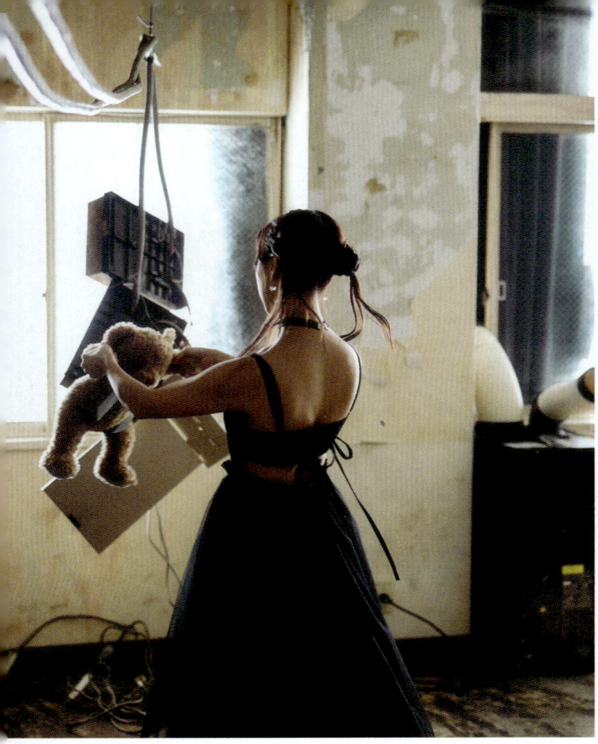
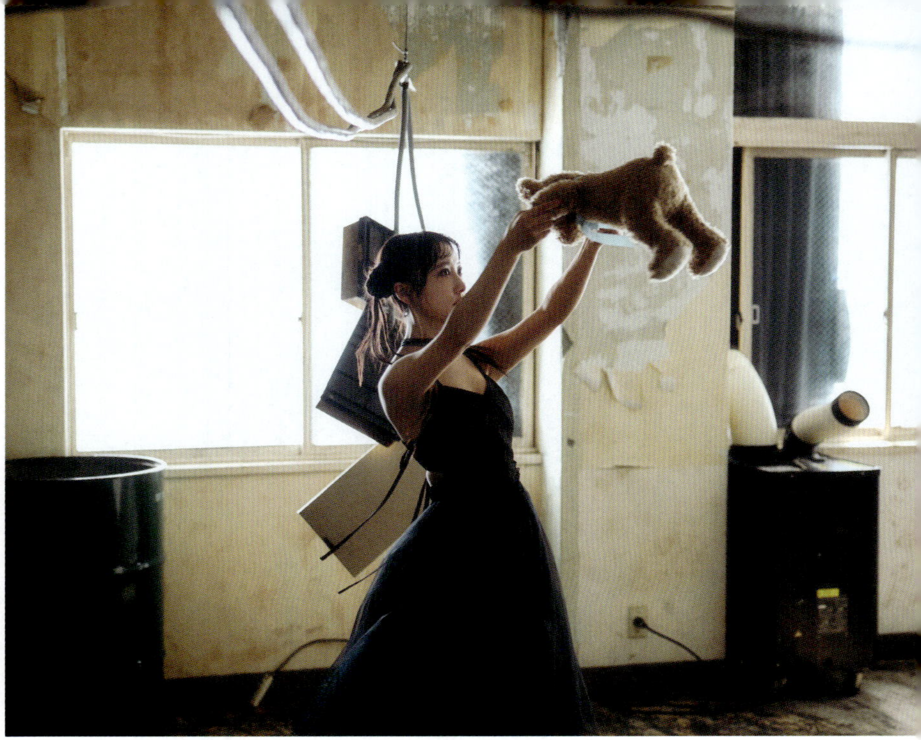
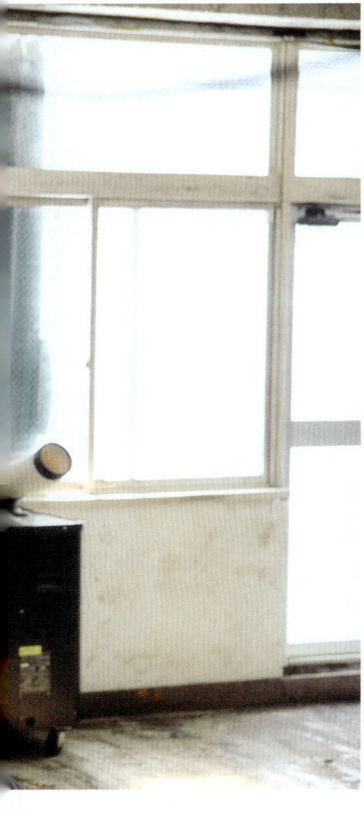
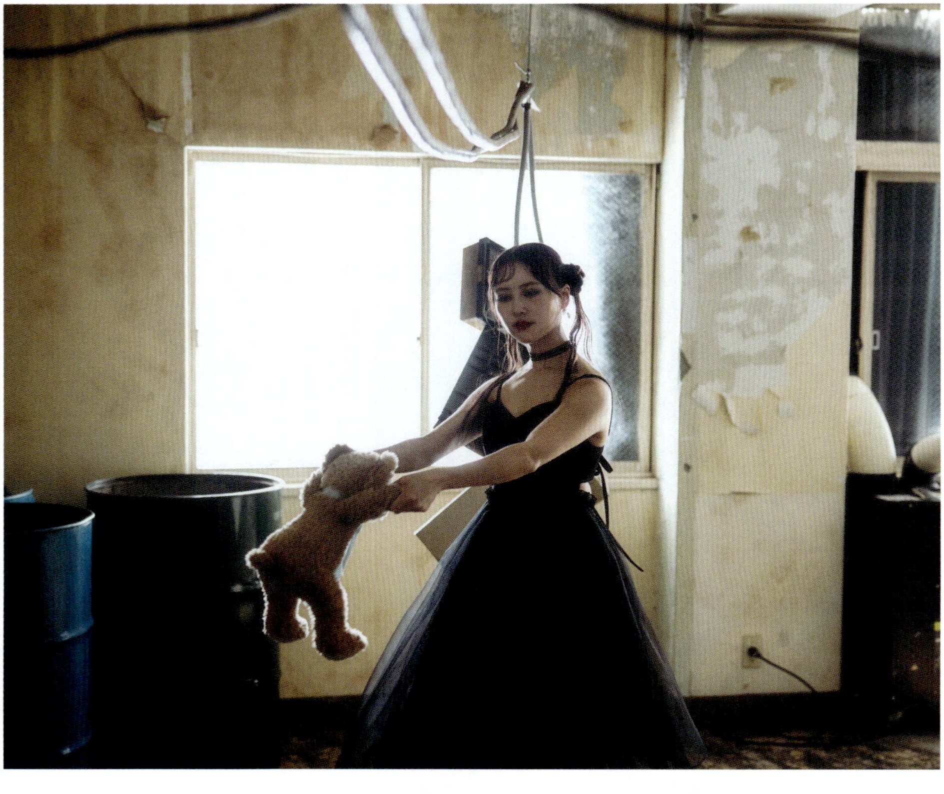

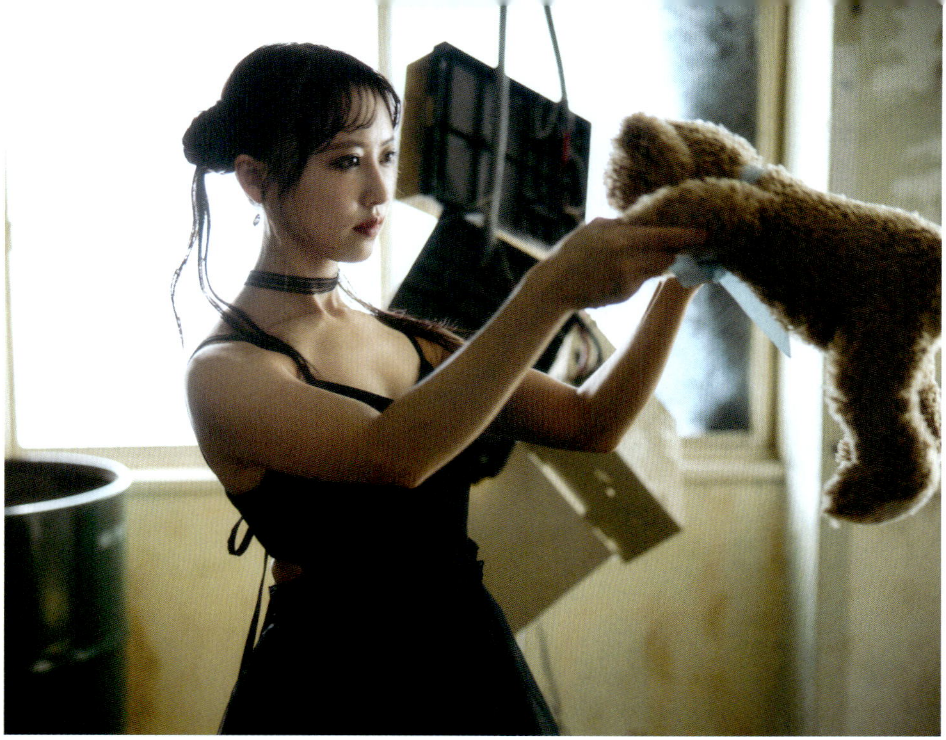
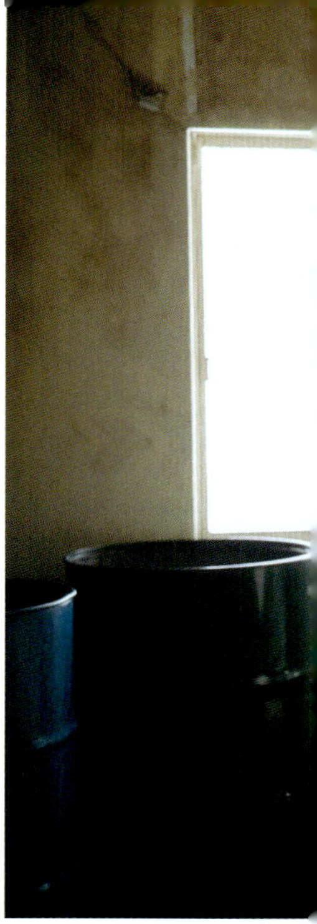
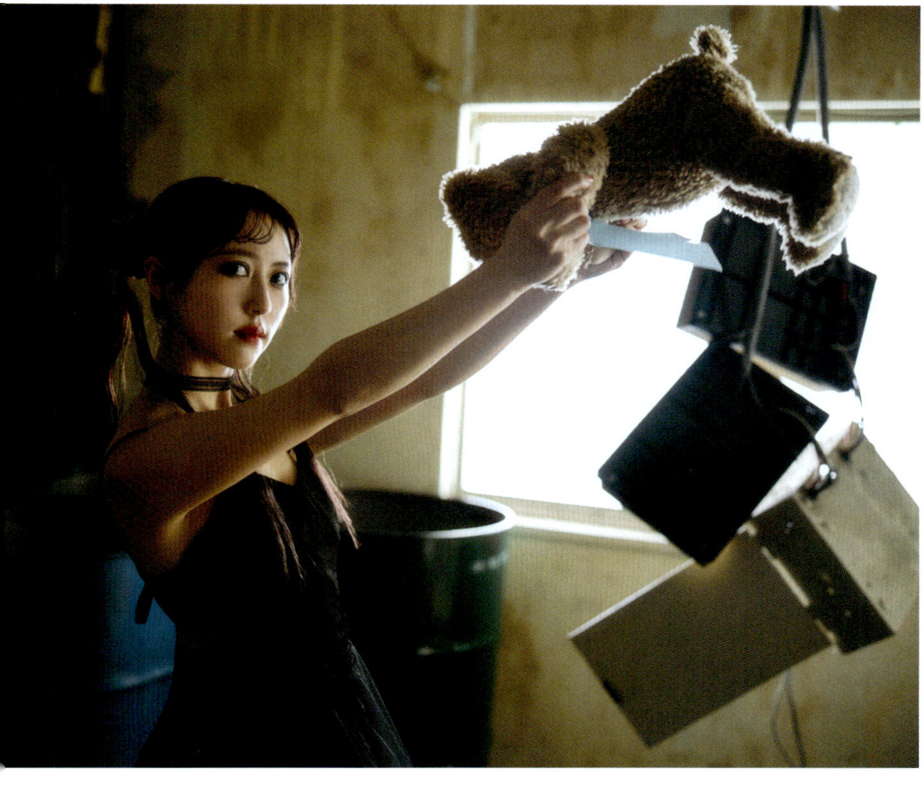
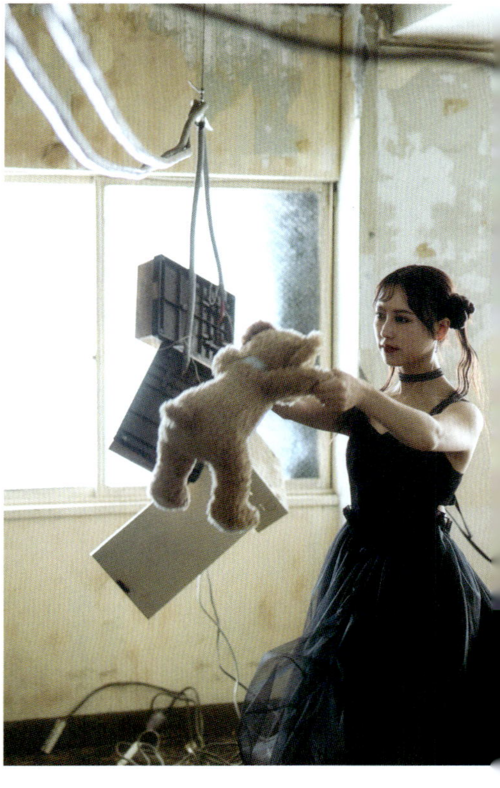

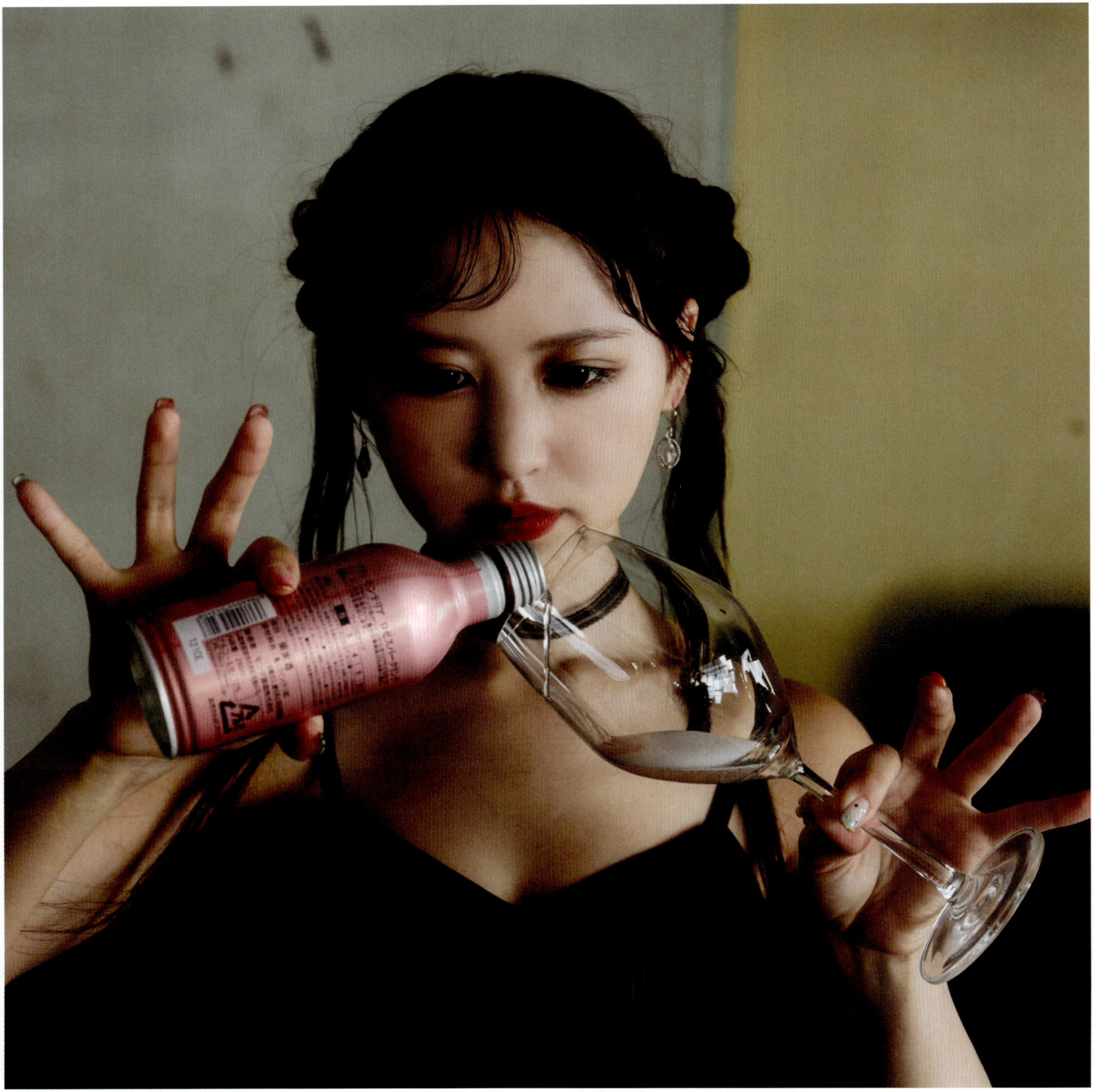

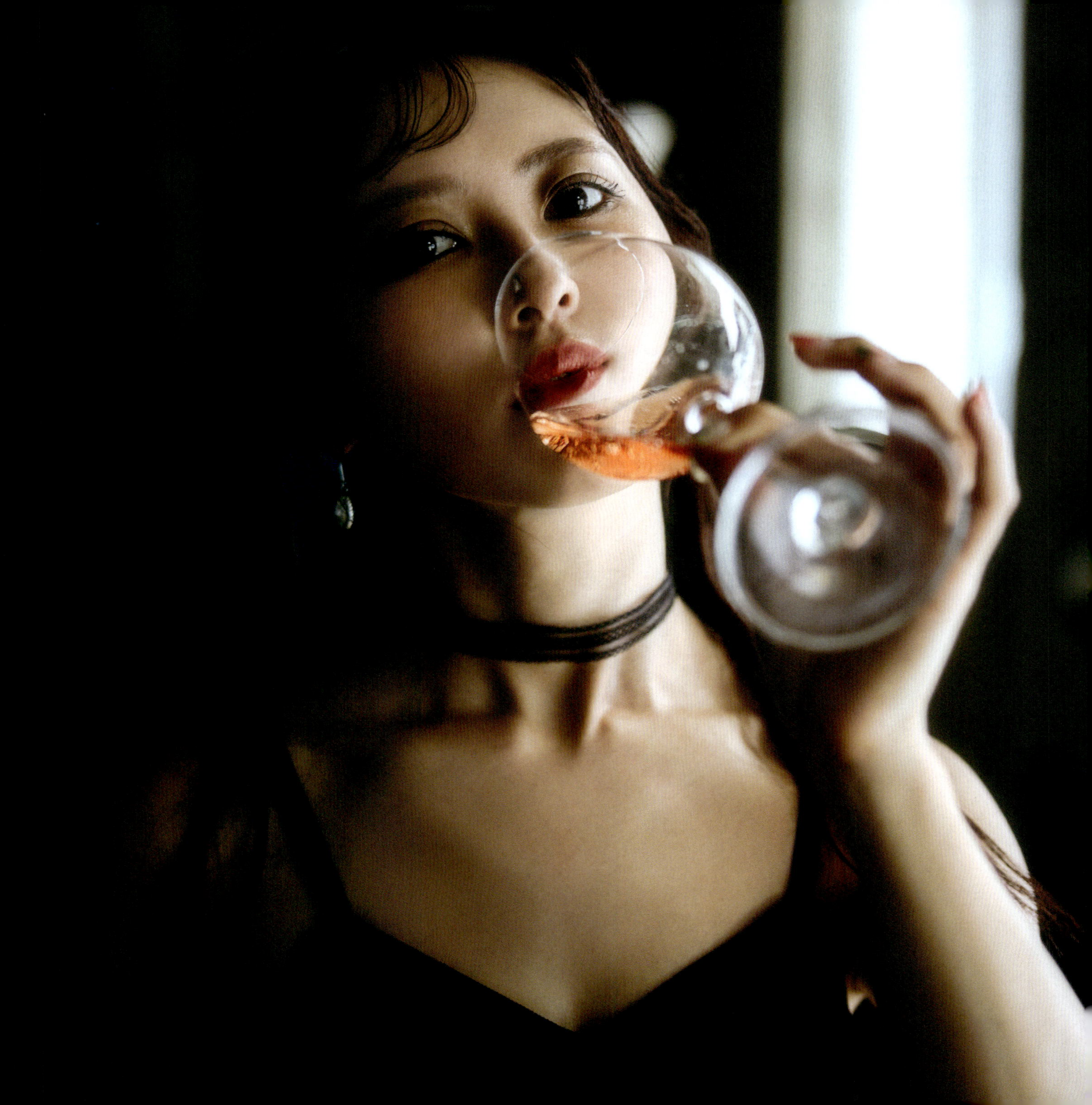

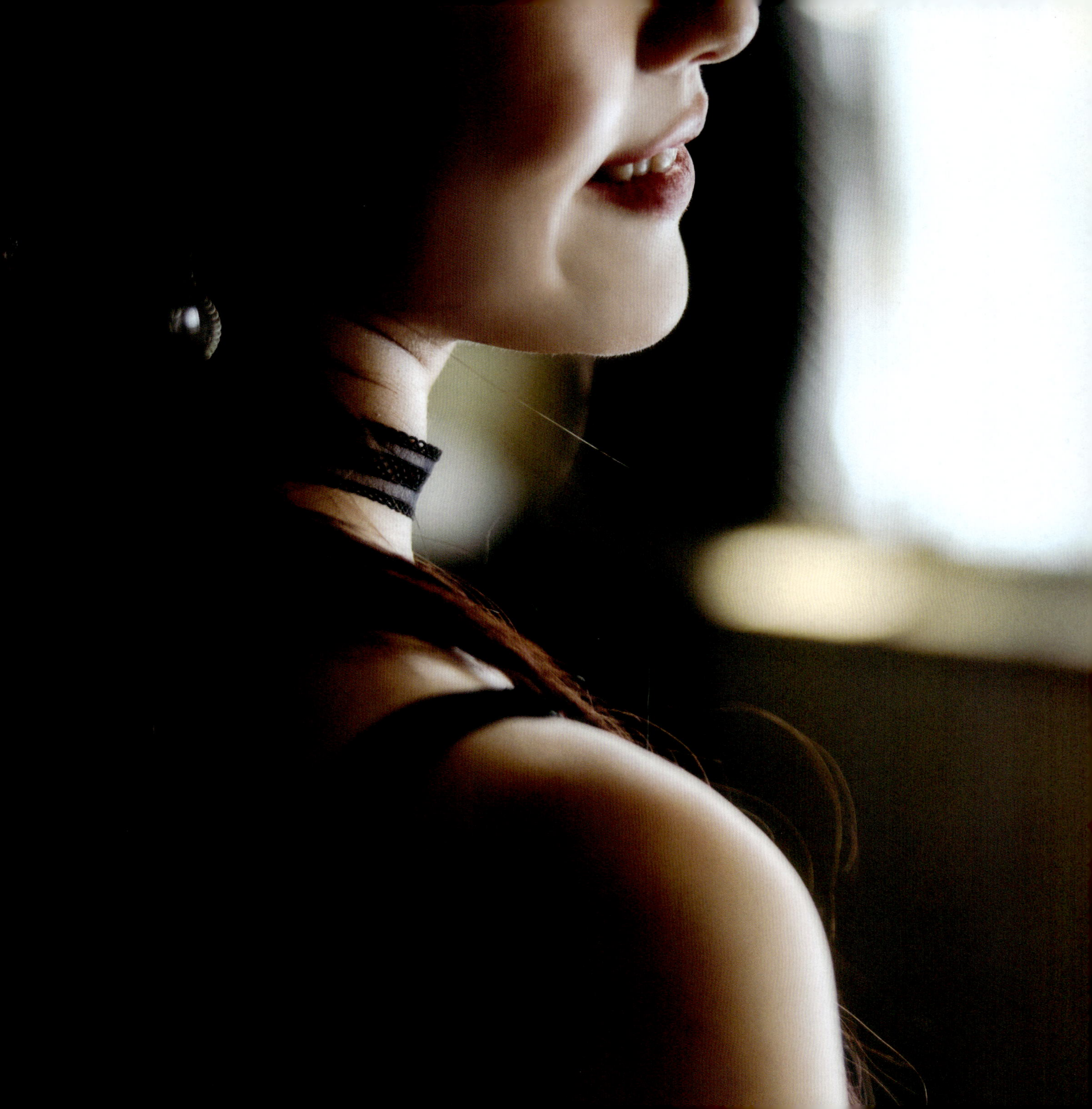

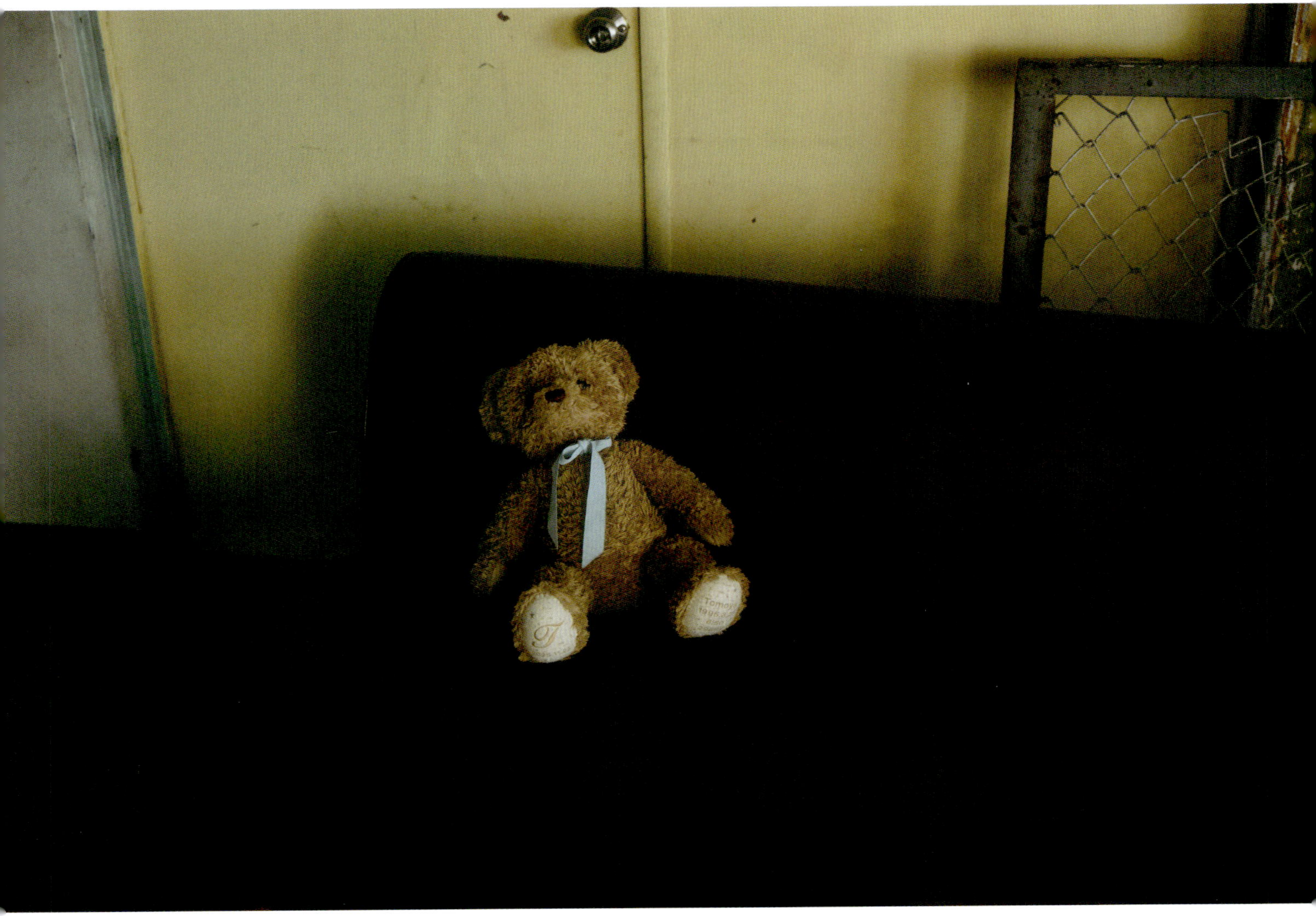

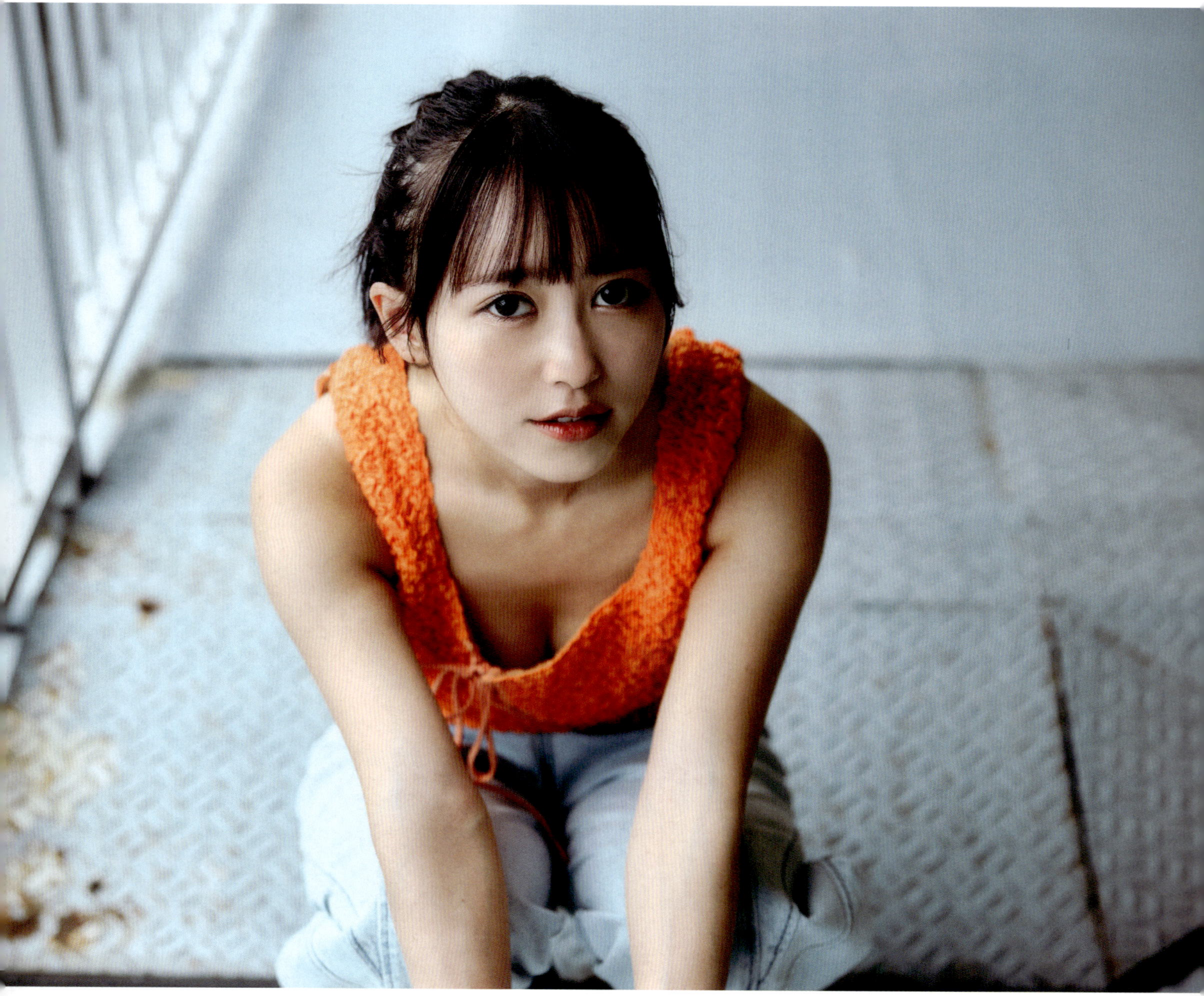

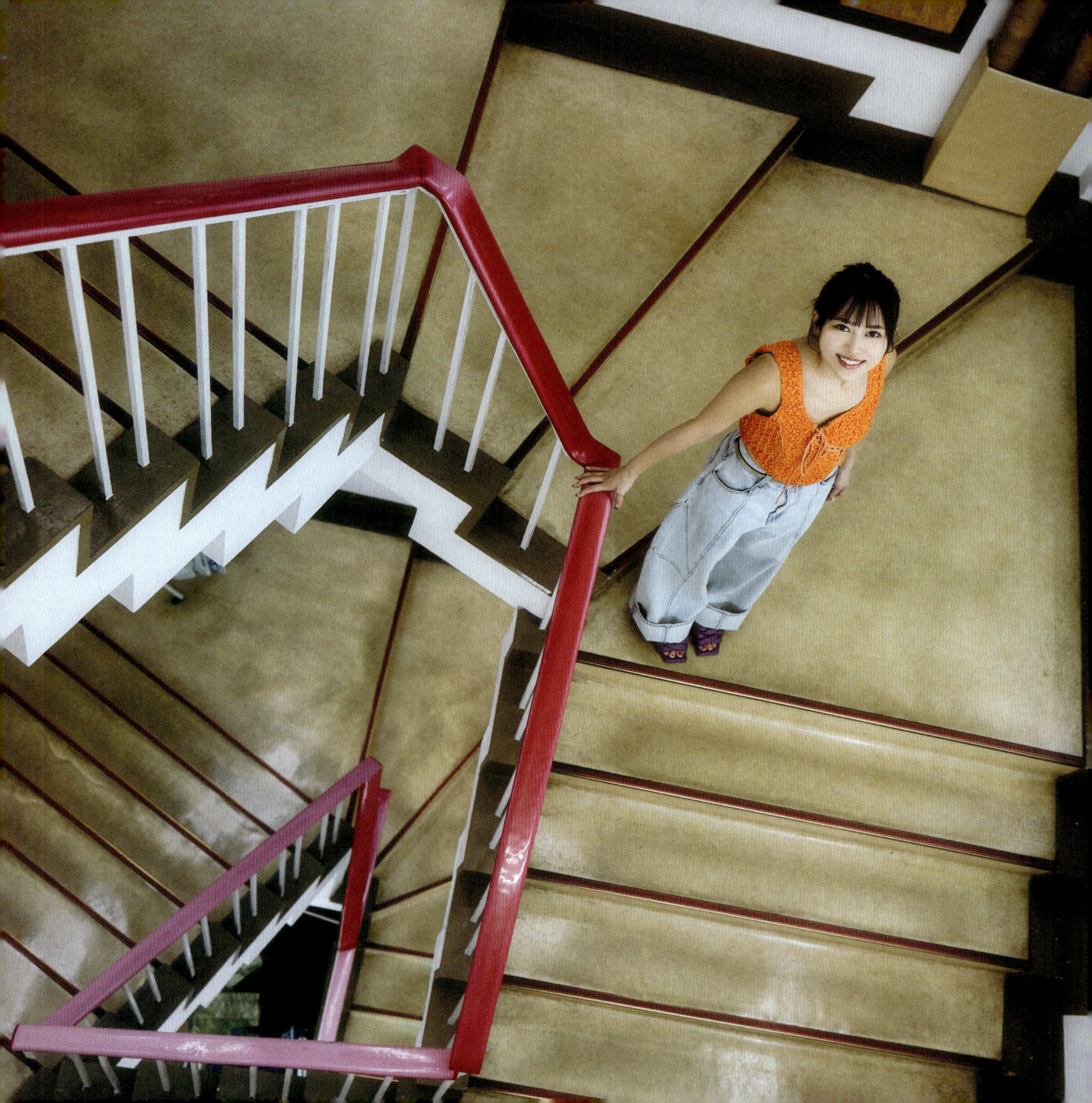

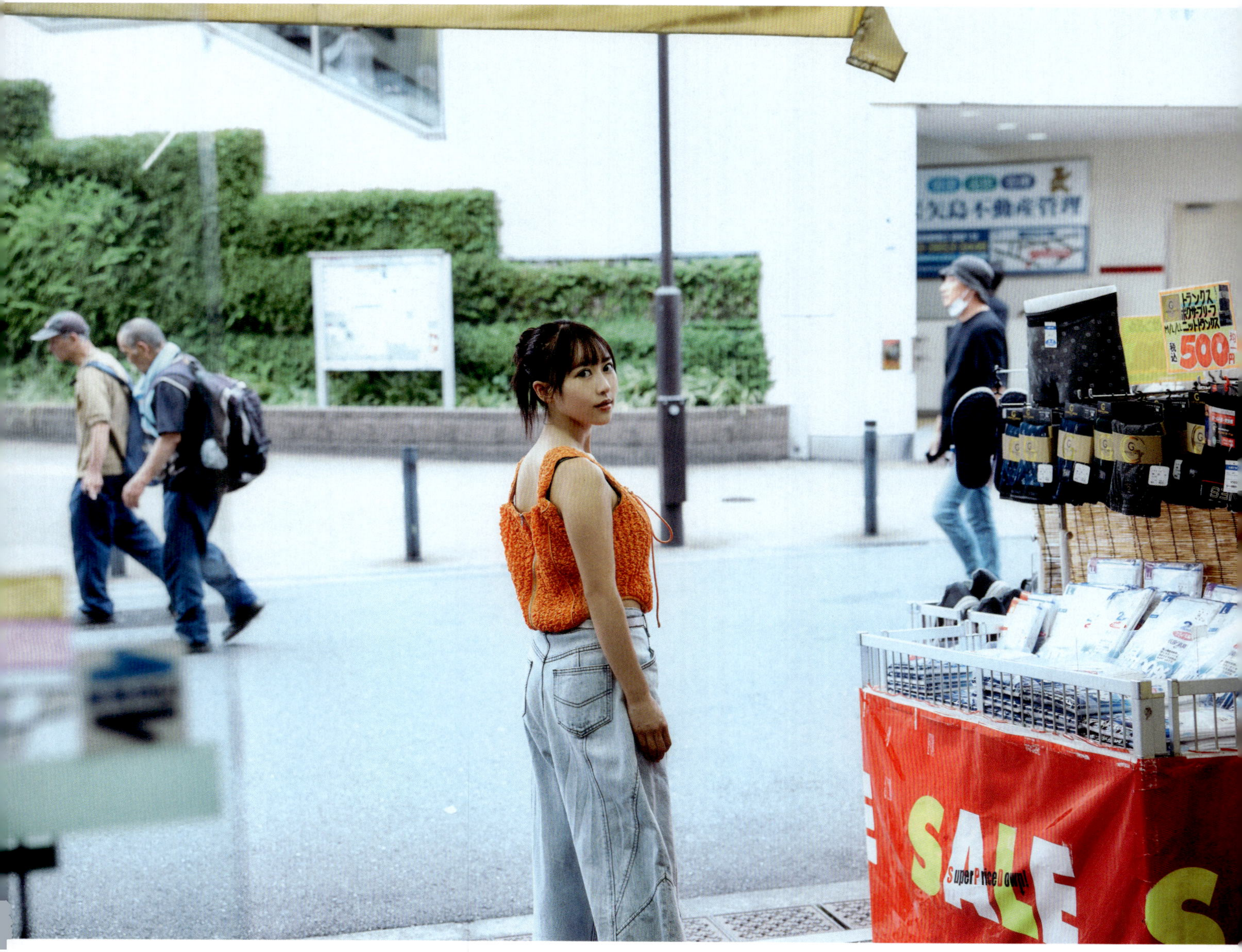
トランクス
ボクサーブリーフ
M/L/LL ニットトランクス
税込
500
均一
円
SALE
SuperPriceDown!

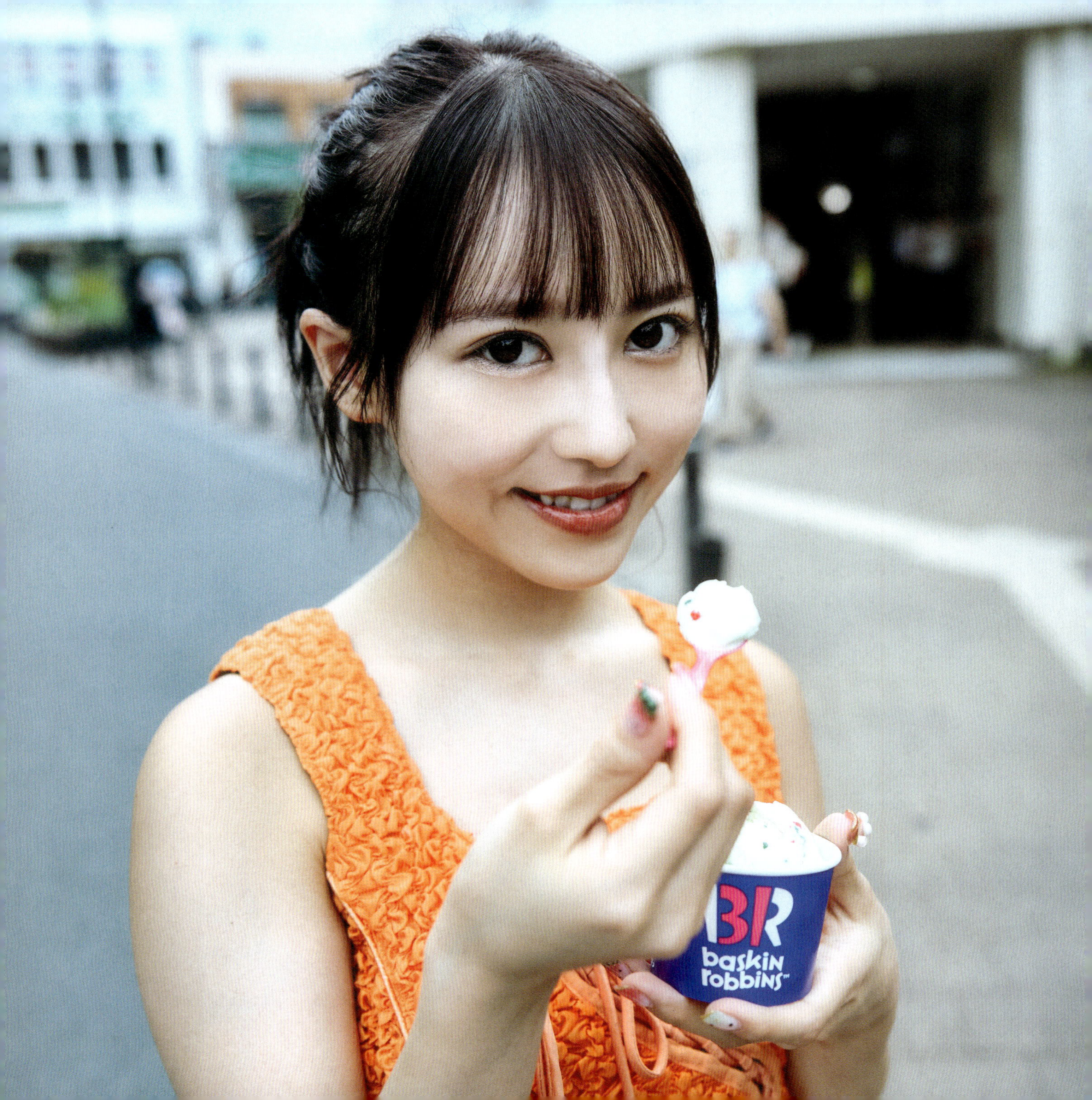
baskin
robbins

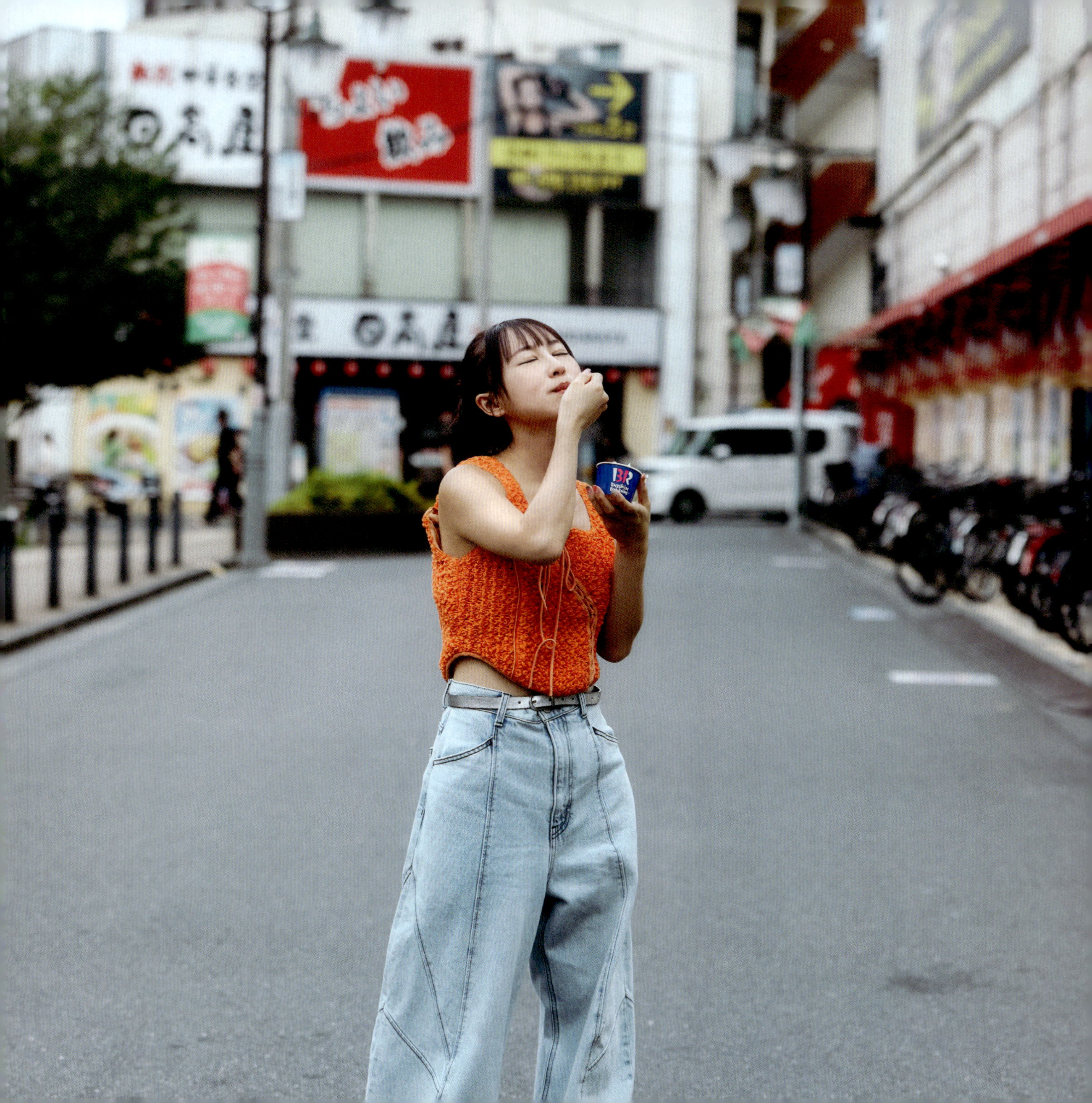
日高屋
日高屋

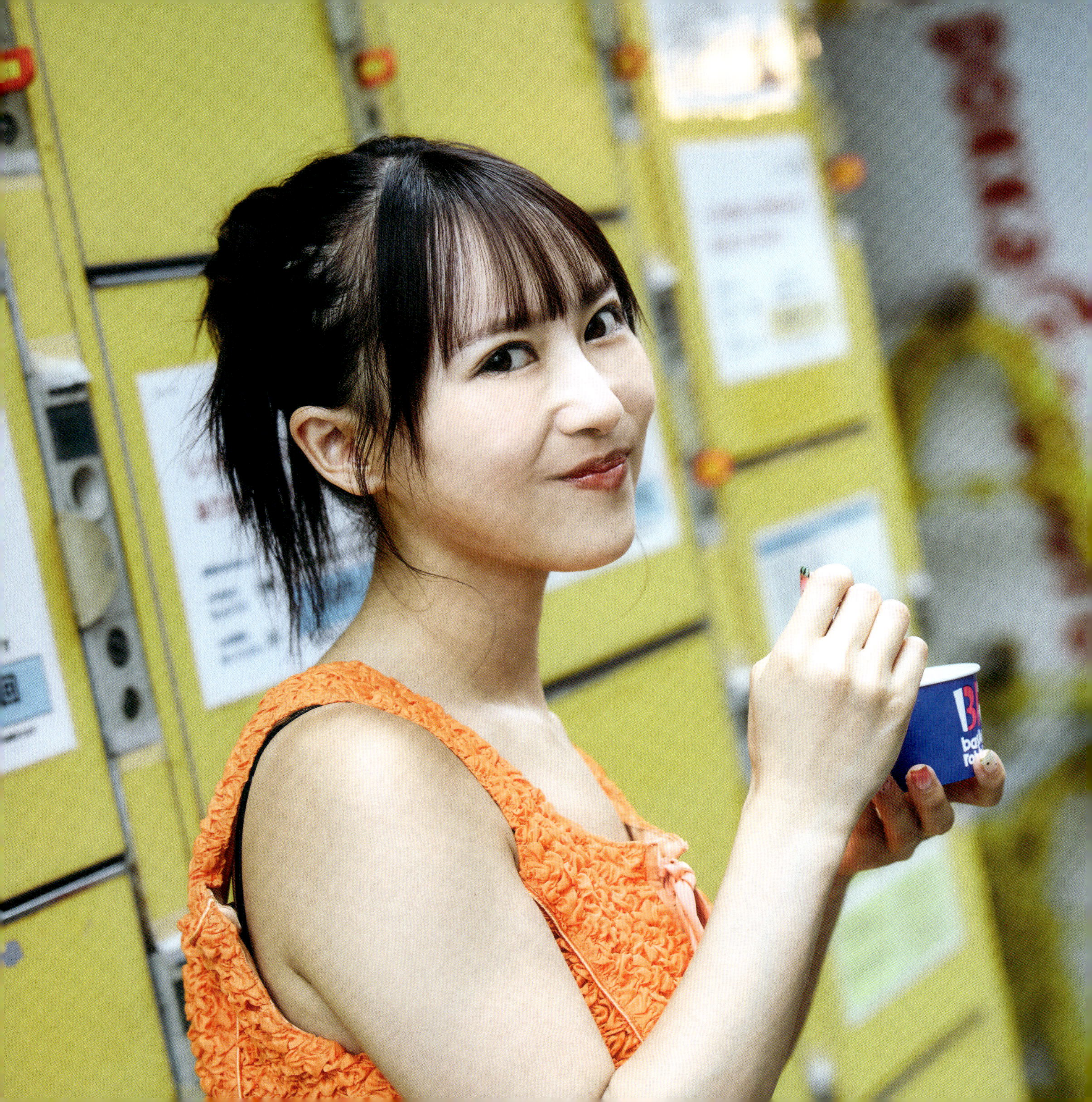

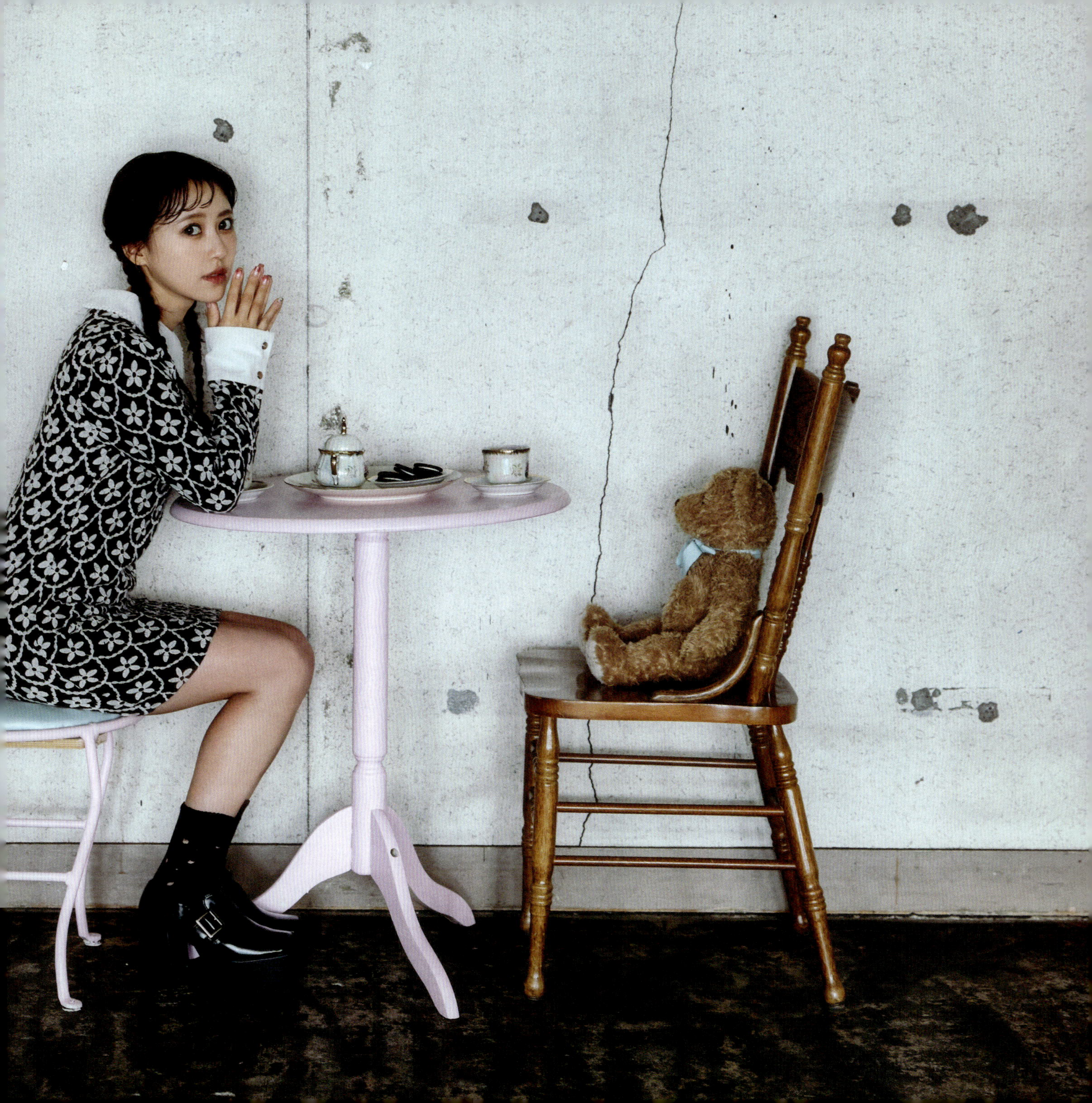